W0189289

Inhalt

Den unzähligen Einsenderinnen und Einsendern zu unserem Projekt sei ganz herzlich gedankt.
Sie haben uns ein ausgesprochen facetten-reiches, vielfältiges Bild der Sprachenland-schaft in Schleswig-Holstein vermittelt. Stellvertretend für sie alle sollen an dieser Stelle Frau Mimi Stricker, Frau Ingrid Ralfs, Frau Rita Seiler und Herr Günter Evers genannt werden.

Vorwort

Liebe Leserinnen und Leser,

Schleswig-Holstein lebt von seiner Vielfalt –
auch was die Sprache betrifft. Hochdeutsch
und Plattdeutsch, Friesisch und Dänisch: Es
gibt viel zu sagen. → *Moin* grüßen die Nordlichter morgens und abends, und wenn das
Wort „Plopp" fällt, werden sie durstig.
Als größte Zeitungsgruppe im Land hat der
Schleswig-Holsteinische Zeitungsverlag (sh:z)
sein Ohr immer nah an den Leserinnen und
Lesern. Doch diesmal wollten wir es ganz
genau wissen. So riefen wir die Menschen im
Land zwischen den Meeren auf, uns ihre Lieb-
lingsredewendungen zu nennen und von
typischen Wörtern und regional bezogenen
Begriffen zu berichten. Sprache ist schließlich
etwas Lebendiges. Da mussten wir – um mit
Martin Luther zu sprechen – „dem Volk aufs
Maul schauen".
Seit dem Start dieses Medienprojekts, an dem
sich Hunderte von Leserinnen und Lesern be-
teiligten, erscheint täglich in den sh:z-Zeitun-
gen – vom „Flensburger Tageblatt" über die

„Schleswig-Holsteinische Landeszeitung", die „Husumer Nachrichten" oder den „Holsteinischen Courier" bis zur „Norddeutschen Rundschau" – die Rubrik „So spricht Schleswig-Holstein". Dabei sorgen nicht Redakteure, Sprachwissenschaftler oder Heimatforscher für die Einträge, sondern die Menschen selbst. Authentischer geht es nicht. Das ganze Land macht mit bei dieser einmaligen Sprach-Expedition; die Schirmherrschaft des Projekts hat der Präsident des Schleswig-Holsteinischen Landtags, Torsten Geerdts, übernommen.

Ein wissenschaftlicher Beirat begleitet die Aktion mit eigenen Beiträgen, die der bunten Sprache im Norden auf den Grund gehen. Redewendungen, Sprichwörter, Begriffe: Alles wird gesammelt, ausgewertet, analysiert und geordnet. Schließlich war aufgrund des großen Leserechos klar: Das Ganze musste in Buchform gebracht werden. Hierfür konnten wir federführend den plattdeutschen Schriftsteller und ständigen Autor der sh:z-Zeitungen Karl-Heinz Groth gewinnen.

Jetzt also gibt es das Buch zum Medienprojekt. Kein Zweifel: Diese Übersicht über die Schleswig-Holsteiner und ihre Sprache ist einzigartig. Wir freuen uns, dass die Initiative des Schleswig-Holsteinischen Zeitungsverlages so weite Kreise gezogen hat. Danke allen Leserinnen und Lesern fürs Mitmachen. Danke Karl-Heinz Groth für die redaktionelle Bearbeitung des Buches, danke dem Beirat für Rat und Tat, danke Kim Schmidt für die vorzüglichen Cartoons.

Viel Spaß bei der Lektüre. Sie sollten dieses Werk wie die Zeitung regelmäßig zur Hand nehmen. Es lohnt sich. Und bitte stellen Sie das Buch nicht ins → *blaue Regal*. Unter Seeleuten in Schleswig-Holstein hieße das nämlich: Es geht über Bord.

Ihr Stephan Richter
Chefredakteur des Schleswig-Holsteinischen
Zeitungsverlages

Einleitung

Liebe Leserinnen, liebe Leser,

die Aktion des Schleswig-Holsteinischen Zeitungsverlages „So spricht Schleswig-Holstein" hat unzählige Bürgerinnen und Bürger in unserem Lande angesprochen, vom jüngsten (10 Jahre) bis zur ältesten (99 Jahre). Tausende von Begriffen, Redewendungen und Sprichwörtern aus allen Bereichen unseres Lebens sind bei uns eingegangen, und erstaunlicherweise nimmt die Flut der Einsendungen nicht ab. Müssten wir nicht vielmehr „erfreulicherweise" sagen? Warum ist bei uns im hohen Norden häufig immer alles → *Sünde* (mit „ss") und warum „gehen wir hier nicht bei" (→ *beigehen*) und können „da nix für"? Haben Sie schon einmal etwas von → *Grasmiegern* gehört oder sind über → *den Melkmann sien Büx* gestolpert, haben sich dabei möglicherweise die Zunge verbrannt? Nun, Letzteres werden Sie sicherlich nicht getan haben beim Verzehr der leckeren Kraut, Kräut, Porren oder Granat (→ *Krabben*). Das soll auch so bleiben, wenn Sie sich über den → *Mehlbüdel*, mancherorts auch „Großer Hans" genannt, hermachen. Läuft Ihnen auf der Insel Föhr ein → *Nödskitjer* über den Weg, tun Sie so, als kennten Sie ihn nicht. Solche Lebewesen können sich schnell zu einer Landplage entwickeln. Weiterhin rate ich Ihnen, nicht alle Nachnamen in Ihrem Lebens- und Wirkungskreis für bare Münze zu nehmen. Ein vorheriger Blick ins Telefonbuch kann unliebsame Beschimpfungen bis hin zur Androhung körperlicher Gewalt ersparen helfen, wenn sich besagter Name als → *Ökelname* herausstellen sollte.

So, liebe Leserinnen und Leser, nun habe ich Sie lange genug auf die Folter gespannt. Was Sie in diesem Buch vorfinden, ist in höchstem Maße authentisch. Es sind Ihre hochdeutschen, friesischen und vor allem plattdeutschen Beiträge, die oft auch ihre dänische Herkunft erkennen lassen, an denen Sie Ihre helle Freude haben werden, wie übrigens auch an den köstlichen Illustrationen von Kim. Sprache erschließt in ihren vielfältigen Formen das, was jeder Einzelne, wo immer er lebt, seine Heimat nennt. Beispielhaft sei der Ausspruch meiner Mutter genannt, wenn das Gekakel am Mittagstisch zwischen uns Kindern zu eskalieren drohte: „Lass die Kuh man → *birsen*, sie beruhigt sich schon wieder." Und nun wünsche ich Ihnen viel Freude und hoffentlich auch neue Erkenntnisse über die Schleswig-Holsteiner und ihre Sprache.

Ihr Karl-Heinz Groth

Sprache erleben

Wenn täglich unaufhörlich aus allen Teilen unseres Landes Beiträge zur Aktion „So spricht Schleswig-Holstein" in der Redaktion des Schleswig-Holsteinischen Zeitungsverlages eingehen, so muss dieses Projekt offenbar den Nerv vieler Schleswig-Holsteiner getroffen haben. Dabei erkennen wir, dass diese Menschen in der Fülle der zum Teil schon verloren geglaubten Begriffe, Sprichwörter und Redewendungen heimatliches Gedankengut wieder oder aber neu zu erschließen hoffen. Es sind vornehmlich die Älteren, die befürchten, dass ihre Sprache – Hochdeutsch, Friesisch, Plattdeutsch und in abgewandelter Form Missingsch (→ *Petuh*) – durch mediale Einflüsse, insbesondere durch die anhaltende Zunahme von Anglizismen, in hohem Maße gefährdet sei. Wenn der „Kaufhof" mit „Sale", die Parfümeriekette „Douglas" mit dem Spruch „Come in and find out" und der private Fernsehsender SAT.1 mit dem Motto „Powered by emotion" werben, werden Urtümlichkeit und Kraft der angestammten Muttersprache zusehends zugeschüttet. Dass auch Politik und Verwaltung ihren nicht unerheblichen Beitrag zur Vernachlässigung unserer deutschen Sprache leisten, soll, stellvertretend für unzählige sprachliche Entgleisungen, dieser Begriff unterstreichen: Frequenzbereichszuweisungsplanungsverordnung. Wie ungleich farbenkräftiger und bildhafter sind da die friesischen und plattdeutschen Bezeichnungen beispielsweise für einen Pfennigfuchser: Panskitjer und → *Nödskitjer* (plattdt. = Nöötschieter, Nööt = Nuss).

„So spricht Schleswig-Holstein" wird vielen Bürgerinnen und Bürgern eine große Hilfe dabei sein, ihre Sprache bewusster wahrzunehmen, um so den Umgang mit ihr sorgsamer und verantwortungsvoller gestalten zu können.

Es heißt, 60 Prozent der Deutschen seien stolz auf ihre Sprache und 47 Prozent empfänden gar Liebe für sie, beschrieben sie als schön, anziehend, logisch, aber schwierig. Wenn das so ist, muss es die vornehmste Aufgabe *auch* von Politik sein, sprachschützende Maßnahmen – wie immer und wo immer möglich – im nationalen und internationalen Kontext herbeizuführen. So könnte zum Beispiel Plattdeutsch, unsere niederdeutsche Sprache, unter Kulturgüterschutz gestellt werden, denn auf der UNESCO-Weltliste der gefährdeten Sprachen befindet sie sich bereits. Vielleicht hilft die Aktion des Schleswig-Holsteinischen Zeitungsverlages mit, der

Verwirklichung dieses anspruchsvollen Zieles einen Schritt näher zu kommen. Das wünsche ich von ganzem Herzen, auch, dass wir uns mit unserer Heimat Schleswig-Holstein, insbesondere durch die Sprachenvielfalt, noch intensiver verbunden fühlen.

Wolfgang Börnsen
(Bönstrup) MdB
Kultur- und medienpolitischer Sprecher

Bräuche

Bräuche gehören zu den Dingen, die wir für ein besonders typisches Merkmal von Regionen halten. Im Urlaub besuchen wir gerne Brauchtums-Veranstaltungen, weil wir uns dort ein Stück Unverwechselbarkeit und Echtheit versprechen – denn das gibt es nur dort und meistens schon sehr lange, jedenfalls wird es uns so nahegebracht.

Bräuche haben allerdings in der Regel eine sehr wechselvolle Geschichte, und ihre Herkunft und Verbreitung ist oft nur mit Mühe zu rekonstruieren.

Nehmen wir ein Beispiel: Heute gehört das → *Ringreiten* für uns zu den typischen schleswig-holsteinischen Bräuchen und wird in vielen Dörfern durch Ringreitervereine gepflegt. Die in letzter Zeit gewachsene Begeisterung für den Reitsport hat sogar vielerorts dazu geführt, dass die alte Tradition des Ringreitens wiederbelebt wurde. Dabei ist Ringreiten gar nicht so typisch für Schleswig-Holstein. Es hat seinen Ursprung in antiken Reiterspielen des Militärs, gehörte im Mittelalter zur höfischen

Reitkunst und verbreitete sich danach über die Fürstenhöfe bis nach Norddeutschland und Dänemark. Im 18. Jahrhundert wurde Ringreiten dann auch bei uns zu einem beliebten Vergnügen der jungen Männer, Bauernsöhne wie Knechte.

Ob ein Brauch also als typisch gelten kann oder nicht, liegt nicht an seiner Geschichte, sondern einzig und allein daran, welche Bedeutung er gegenwärtig für die Menschen hat, ob er als typisch für eine Region oder einen Ort angesehen wird.

Eine ganz ähnliche Geschichte hat auch das → *Rummelpott*laufen, das sich aus um die Weihnachtszeit stattfindenden Heischebräuchen (Bittgängen) von Scholaren (Studenten im Mittelalter) beziehungsweise jungen Männern entwickelt hat. Das Rummelpottlaufen mit seinen typischen Liedern und Sprüchen war lange Zeit um Silvester vor allem bei Kindern beliebt, um die Süßigkeitsvorräte noch einmal nachzufüllen. Inzwischen wird immer mal wieder darüber geklagt, dass das aus den USA übernommene und mit großem Werbeaufwand propagierte Halloween in der Nacht vom 31. Oktober zum 1. November das Rummelpottlaufen abgelöst habe. Aber stimmt das wirklich? Wird Halloween einfach so übernommen, oder wird vielleicht sogar Halloween zu einem für Schleswig-Holstein typischen Brauch umgeformt? Denn auch das Beispiel Ringreiten zeigt ja, dass Bräuche keine starren Regeln haben, sondern sich mit den Menschen, die sie ausüben und sie pflegen, verändern, für den Alltag der Menschen „passend" gemacht werden.

Aber es gibt genauso viele Bräuche und Rituale, die in der Familie, unter Freunden und Nachbarn gepflegt werden und die typisch für Schleswig-Holstein sind, seien es → *Kindskiek* oder bestimmte Traditionen zur Hochzeit.

Silke Göttsch-Elten

Nordfriesische Sprichwörter:
Goldene Äpfel in silbernen Schalen

Als der Lehrer und Küster Moritz Momme Nissen 1873 den ersten Teil eines Lexikons nordfriesischer Sprichwörter erscheinen ließ, da verglich er diese Aussprüche mit goldenen Äpfeln in silbernen Schalen. Sie seien ein in Jahrhunderten entstandener Schatz der Erfahrung. In den Sprichwörtern spiegele sich der „Volksgeist" der Friesen.

Kaum eine andere Sprachminderheit verknüpft ihre Identität so stark mit bestimmtem Spruchgut wie die Nordfriesen, meint der Sprachwissenschaftler Ommo Wilts.

Viele Sprichwörter enthalten Alltagsweisheiten und geben Verhaltensmuster vor. Häufig gehen sie von der maritimen friesischen Landschaft aus: *Diar di Dik liigst es, gair di Flör jest aur*, sagt man auf Sylt: Wo der Deich am niedrigsten ist, geht die Flut zuerst herüber. Dass vieles sehr lange dauert, besagt das auf dem friesischen Festland gebräuchliche Sprichwort: *Iir dåt klåår wårt, koon nuch foole wååder tu heefs luupe*. Bevor das fertig wird, kann noch viel Wasser ins Wattenmeer fließen. Auf Föhr weiß man: *Diar san muar lidj uun a budel dreenket üüs uun't heef.* Es sind mehr Leute in der Flasche ertrunken als im Watt. Die Gefahren des Alkohols spiegeln sich auch in dem Sprichwort *Jong koptains, ual süpers.* Junge Kapitäne, alte Säufer. Hier wird also die Seefahrt keineswegs romantisch verklärt.

Auch Tiere spielen eine große Rolle in friesischen Sprichwörtern, insbesondere das hier häufig gehaltene Schaf. *Dåt schäip, wat foole blaadert, ferjeet e baas,* weiß man zum Beispiel in Risum-Lindholm: Das Schaf, das viel blökt, vergisst das Fressen. Und: *En suurt schäip leet ham ai wit tüünj.* Ein schwarzes Schaf lässt sich nicht weiß waschen. Über das Pfingstfest heißt es in einem Reim auf Sylt: *Tö Pingster spring ali jong Hingster.* Zu Pfingsten springen alle jungen Pferde.

Zum nordfriesischen Sprachgebiet gehört auch die Insel Helgoland. Nils Århammar, Experte für die Inselsprache → *Halunder,* nennt ein Sprichwort, dem er im Hinblick auf die atomare Katastrophe von Fukushima aktuelle Bedeutung zumisst: *Wan 'e Loch deelfalt, sen alle Karkfinken dooad.* Wenn die Luft herunterfällt, sind alle Spatzen tot. Und wenn eine Sache einen Haken hat, sagt man auf der Felseninsel: *Dear lait en Koks bi.* Es liegt eine Wellhornschnecke dabei.

Schon lange bevor Gorbatschow die Weisheit „Wer zu spät kommt, den bestraft das Leben" prägte, wusste man in Nordfriesland, dass man Dinge zur rechten Zeit erledigen muss, denn: *Eeb än flödj täiwe eefter niimen.* Ebbe und Flut warten auf niemanden. Auch zwei anderen Lebensweisheiten vom friesischen Festland wird man kaum widersprechen können: *Arken wal lung laawe, än niimen wal üülj weese.* Jeder will lange leben, und keiner will alt sein. Und: *En lääwent suner sörie as en lääwent suner luk.* Ein Leben ohne Sorgen ist ein Leben ohne Glück.

Friesische Sprachenwelt

Nordfriesland ist reich an Sprachen und Redensarten – wie wohl keine andere Region in Deutschland. Auf kleinstem Raum sind hier fünf Sprachen beheimatet: Friesisch, Platt- und Hochdeutsch, Sønderjysk (Plattdänisch) und Hochdänisch. Im Norden des Kreises leben Menschen, die im Laufe der Zeit wie von selbst alle fünf Sprachen gelernt haben. Die ursprüngliche Sprache dieser Landschaft, Friesisch, gibt es gleich in mehreren Ausprägungen. Man unterscheidet vor allem die Dialekte des Festlandes und der Inseln.
Zwei Wahlsprüche Nordfrieslands haben es zu Berühmtheit gebracht. → *Rüm hart – klaar kiming* liest man auf Fahnen, so heißen Pensionen und Schiffe. Das Leitwort wird den welterfahrenen Kapitänen von den Nordfriesischen Inseln und → *Halligen* zugeschrieben und heißt auf Deutsch: Weites Herz – klarer Horizont (und nicht „reines Herz", wie man

es oft hört). Der zweite Sinnspruch bringt friesisches Freiheitsbewusstsein auf den Punkt:
→ *Lewer duar üs Slaav* (Lieber tot als Sklave). Das – allerdings oft missbrauchte – Motto wurde berühmt durch eine Ballade *Detlev von*
→ *Liliencrons*, die ganze Schülergenerationen auswendig lernten.

Liliencron machte auch einen anderen Leitspruch bekannt: → *Trutz, blanke Hans.* So heißt sein Gedicht um den Untergang des sagenumwobenen Ortes Rungholt. Mit dem
→ *blanken Hans* ist die Nordsee gemeint. Ein
→ *Deichgraf* – auch ein für Nordfriesland typisches Wort! – soll es dem Meer vom → *Deich* aus in höhnischer Weise zugerufen haben. Bei der Sturmflut 1634 brach auch dieser Deich. Die Auseinandersetzung mit dem Meer spiegelt sich in vielen typischen Wörtern der Westküste. Mit Deichen, dem „goldenen Ring", wurden allein in Nordfriesland über 170 „Köge" (→ *Koog*) gewonnen. Andernorts, an der südlichen Nordseeküste, wird statt Koog „Groden" oder → *Polder* gesagt. Die Häuser baute man lange Zeit auf Wohnhügeln, den
→ *Warften*, weiter südlich sagt man „Wurten". Der Ort Witzwort auf Eiderstedt geht nicht auf einen scherzhaften Ausspruch zurück, sondern auf die Wurt des Wito.

Für das nordfriesische Festland sind viele Ortsnamen typisch, die auf -büll enden. Das bedeutet „Siedlung" und weist auf eine Gründung durch Friesen hin. Die Stadt Niebüll (= neue Siedlung) umschließt sogar noch zwei weitere „Bülls", nämlich Deezbüll (= Dedes Siedlung) und Uhlebüll (= alte Siedlung). Viele Ortstafeln zeigen mittlerweile auch die friesischen Namen, zum Beispiel Niebüll – Naibel oder Bredstedt – Bräist.

Manche Personennamen gibt es ebenfalls nur in Nordfriesland. Ein *Brar Arfsten* kommt mit Sicherheit von Föhr, ein *Hark Martinen* von Amrum, eine *Moiken Bleicken* stammt gewiss von Sylt, ein *Momme Paysen* vom friesischen Festland oder von einer → *Hallig*, und wer *Hamkens* heißt, hat bestimmt Verbindung mit Eiderstedt.

Thomas Steensen

Ökel(Nökel)namen:
Warum ein Gastronom aus Büsum auch
„Hugo Pfeil" genannt wurde

In manchen Gegenden unseres Landes heißen sie immer noch → *Ökelnamen* (auch Öker- oder Nökelnamen). Das sind „Beinamen, Spitznamen und Spottnamen" (ökeln = necken), die einer Person wegen einer besonderen Eigenschaft oder zur Unterscheidung von Gleichnamigen beigegeben werden. Dies geschieht meist scherzhaft, mit gutmütigem Spott. In einem auf Plattdeutsch gehaltenen Vortrag des Fischers Willi Jensen aus Eckernförde vom 15. Oktober 1932 heißt es gleich zu Beginn: „Mien leeven Mackers! Wat dat mit de Ökelnaams to bedüden hett, weet ji. Dat dat keen Schimpnaams sünd, weet ji ok. Ik meen, dat sünd mehr so'n Naams zur besseren Verständigung und Auseinanderhaltung" (Meine lieben Macker, was das mit den Ökelnamen zu bedeuten hat, wisst ihr. Dass das keine Schimpfnamen sind, wisst ihr auch. Ich meine, das sind mehr solche Namen zur besseren Verständigung und Auseinanderhaltung).

Wollte man den Gesprächen der Fischer untereinander folgen, musste man schon wissen, wer mit „de Muus" (Maus), „de Waart" (Erpel), „de Lööw", „de Diestelkopp" oder „de Farkengrieper" (Ferkelgreifer) gemeint war. Wer waren um Gottes Willen nur „de Chinees", „dat Fleeschbeen", „Hein Fett", „de Buur", „de Brummer" oder aber „de Bremser"? Es gab damals schließlich mehr als dreihundert dieser Ökelnamen unter den Eckernförder Fischern, die es auseinanderzuhalten galt.

Schnell leuchtet ein, warum sich der Volksmund zur besseren und schnelleren Orientierung innerhalb der großen Familienverbände mit gleichem Nachnamen des Instruments der Ökelnamen bediente. Es hat eine Zeit gedauert, bis ich vor Jahrzehnten herausfand, dass sich hinter dem Kürzel „Hanne Wa" ein Großbauer aus dem Dithmarscher Karolinenkoog verbarg, der, wenn er etwas nicht verstanden hatte (da er schwerhörig war) oder vorgab, es nicht verstanden zu haben, ständig fragte: „Wa?" Seinen älteren Bruder, der häufig unverständlich in seinen Bart brummelte (gnuddelte), nannte man daher kurzerhand „Jan Gnuddel".

Dass es auch Ökelnamengeschädigte geben kann, musste ich als junger Lehrer auf der Insel Helgoland erleben. Mit einem Blumenstrauß in der Hand wollte ich den Nachbarn, einer Familie „Querschnitt", meine Aufwartung machen. Das wäre hier so üblich, meinte meine Vermieterin schelmisch. Als ich den

Hausherrn mit „Guten Tag, Herr Querschnitt"
begrüßte, knallte der mir unversehens die Tür
vor der Nase zu. Es war der Gemeindebau-
meister, der natürlich nicht Querschnitt hieß.
Das war sein Ökelname, denn bei jeder bau-
lichen Maßnahme glaubte er, zunächst einen
Querschnitt berechnen zu müssen. Fremde
wie ich hatten es schwer, bei all den Rickmers,
Siemens, Botters, Singers und so weiter den
Durchblick zu behalten. Da gab es zum Beispiel den legendären H.P., Werner Pee., Harry
Ö., „die Weisheit" und unzählige mehr.
In Büsum erinnern sich noch ältere Einwohner an das bekannte Hotel „Schloß am Meer"
am Hafen mit dem Muschelsaal „Helgoland".
Besitzer war Hugo Timm, ein stattlicher, wohl-
beleibter Mann, der wegen seines freund-
lichen Wesens (er hatte immer ein Schmunzeln im Gesicht) „Schmuul Timm" genannt
wurde. Für andere war er „Hugo Pfeil", weil er
an jeder Büsumer Straßenecke Pfeile mit dem
Hinweis auf sein „Schloß am Meer" zu Werbe-
zwecken angebracht hatte.
Wir sehen: Aussehen („dat Leckoog" = das
Triefauge), Verhaltensweisen, („de Quark-
büdel" = der Nörgler) berufliche Zuordnung
(„de Bäcker") und Herkunft („de Franzoos")
bestimmten im Wesentlichen den Ökelnamen,
der häufig auf die folgenden Generationen
„vererbt" wurde.
Auch Persönlichkeiten des öffentlichen Lebens, insbesondere Politiker und Sportler,
blieben von den Ökelnamen nicht verschont.

Gerhard Stoltenberg, Ministerpräsident in Schleswig-Holstein und unter anderem angesehener Bundesfinanzminister, wurde von seinen Anhängern liebevoll „Stolti" genannt, im Übrigen stets respektvoll der „Große Kühle" oder der „Klare aus dem Norden".

Sein politischer Widersacher in Schleswig-Holstein war Jochen Steffen, der „Rote Jochen", so genannt nach der auch heute noch gängigen politischen Farbenlehre. Mit seinen „Kuddl-Schnööf"-Geschichten, in denen er die Menschen zwischen den Meeren in unnachahmlichem Kieler Missingsch liebevoll skizzierte, vor allem den „kleinen Mann", hat er die Herzen vieler Mitmenschen erobert. Die beiden, die zusammen an der Kieler Christian-Albrechts-Universität studiert hatten, mochten sich nicht, respektierten einander aber.

Hermann Glüsing aus Wrohm, einem kleinen Bauerndorf, beherrschte jahrzehntelang nach dem Krieg die politische Szene in Dithmarschen und darüber hinaus im Lande. Als langjähriger Abgeordneter in Bonn hieß er nur „Hermann Bonn" oder einfach Hermann. Er kannte beinahe jeden Bürger seines Kreises, dem er unter anderem auch als Kreispräsident vorstand. Wenn jemand ein Ansinnen an ihn herantrug, sagte er nur schlicht: „Dor warr ik mi um kümmern" (Da werde ich mich drum kümmern). Das tat er dann auch. Der „Stern" widmete ihm in den 1960er-Jahren einen größeren Beitrag. Er zeigt ihn in Thailand, auf einem Elefanten reitend. Bildunterschrift:

„Hermann was here." Damit sollte, nicht ohne eine Spur Bewunderung, seine politische Umtriebigkeit, leicht ironisierend, dargestellt werden.

Hein Dahlinger (Hein Daddel): Wer vom THW Kiel (Turnverein Hassee-Winterbek Kiel), einem Aushängeschild des deutschen und europäischen Handballsports, spricht, kommt immer wieder auf den Rekordnationalspieler „Hein Daddel" zu sprechen. Wegen seiner unkonventionellen Spielweise – man spielte noch draußen auf dem Feld – rief man ihm, mal ärgerlich, dann wieder bewundernd, zu: „Nu daddel dor doch bloots nich so rum!" Er war gelernter Holzkaufmann und bis kurz vor seinem Tod 2008 in seinem Geschäft in Schönkirchen tätig.

Karl-Heinz Groth

Unter vollen Segeln

Dass das Niederdeutsche in den vergangenen
Jahrhunderten durch das Hochdeutsche in
vielen Bereichen abgelöst wurde, hatte seine
Gründe. Bankwesen, Wirtschaft, Industrie,
Bildungswesen, nationaler und übernationaler
Austausch, das gesamte Schriftwesen war vom
Hochdeutschen geprägt. Aber – einige Ausnah-
men gibt es denn doch, zum Beispiel die regional umgrenzte Landwirtschaft oder die Seefahrt, die Fischerei, die Wasserwirtschaft, den
Deichbau – kurz: alles, was mit der Lage der
norddeutschen Länder an der See zu tun hat.
Und obwohl die Bayern in der deutschen Marine eine beachtliche Rolle gespielt haben, ist
in der Sprache der Schifffahrt und dem Leben
mit dem Meer das Niederdeutsche (auch das
Niederländische und das Englische) bestehen
geblieben und hat sogar das Hochdeutsche mit
einer Fülle von Wörtern bereichert.
Von Land aus beobachtete man die → *Tide* (niederdeutsch „Tid" heißt hochdeutsch „Zeit"),
also die Zeiten (Gezeiten) des Wiederkehrens
von Ebbe und Flut. Ebbe ist ebenfalls aus dem

Niederdeutschen (da heißt es so viel wie „Zurückfluten") ins Hochdeutsche gekommen.
Vor Jahrhunderten wurden bereits → *Deich* (niederdeutsch „Diek" = Deich, Graben, Wall) und Buhnen (niederdeutsch „Bune" = Damm) ins Hochdeutsche aufgenommen. Das Wasser wird durch Siele (mittelniederdeutsch „sil" = seihen, durchseihen) geschleust.

Diese starke Auffüllung des hochdeutschen Wortschatzes aus dem Niederdeutschen ist heute nicht leicht zu erkennen. Vielleicht wird dieser Vorgang deutlicher in der Schifffahrt. Der Bug, das Heck (der Teil des Schiffes, der erhöht und umzäunt war [niederdeutsch „Heck" = Umzäunung], aber auch umbaut, um den Steuermann zu schützen, damit er die Übersicht behielt), das Leck (von niederdeutsch „lecken" = tröpfeln), die Luke, achtern, Steven und zahlreiche weitere Wörter sind ursprünglich niederdeutsche Elemente der norddeutschen Umgangssprache, die nicht nur von Seglern, sondern allgemein gebraucht werden.

Fischer kennen teils noch die plattdeutschen Namen der Stellplätze für die Netze („bi de Wicheln, ünner dat Holt" = bei den Weiden, unter dem Holz). Ihre Schiffe und → *Boote* werden in Teilen und im Ganzen plattdeutsch bezeichnet. So bewegt man ein Boot durch → *wricken oder wriggen*, also durch ein Heckruder. In seinem Boot hat er ein „Hüdfatt" oder „Hüfatt" (Hütefass), also einen Behälter, in dem er seinen Fang, im Wasser lebend, anlandet.

Auch aus der Landwirtschaft finden sich zahllose Beispiele eines besonderen Wortschatzes. Ich bin sicher, Sie werden auf den folgenden Seiten fündig werden.

Was für ein schönes Buch, da freu' ich mich zu

Ich kenne Leute, die brechen spontan in Lachen aus – einige sind auch erschrocken, wenn sie Sätze von dieser Art hören: „Was, der ist umgezogen, da weiß ich nichts von." Oder: „So wenige Fehler in der Arbeit! Da lach' ich doch über."
Wer aus dem hochdeutsch sprechenden Süden Deutschlands kommt, der ist davon überzeugt, dass diese Sätze grammatisch falsch sind und der Sprecher der deutschen Sprache nicht ganz mächtig ist. In der mündlichen Sprache – selten im Schriftlichen – wird er sich hier im Norden an diese Klammern, die den Satz umfassen, gewöhnen müssen. Und damit sind wir schon bei den Gründen für diese sprachliche Besonderheit. Sie ist nur im Norden zu finden, der Hintergrund hierfür ist das Niederdeutsche: „Dor freu ik mi to. Dor weet ik nix vun (af). Dor lach ik över."
Und wenn dann noch das Dänische wie beim Flensburger → *Petuh* eine der sprachlichen Wurzeln ist, dann kommen abenteuerliche Sätze zustande, die wohl außerhalb Flensburgs kaum noch jemand versteht: „Das mit Ellis Grippe, das is doch Sünde, nich?" (→ *Sünde*). Dänisch: „Det er synd" – das ist schade.

Das Hochdeutsche ist in den Norden als Fremdsprache gekommen. Es hat sich aber seit dem 16. Jahrhundert immer mehr durchgesetzt und ist die (be)herrschende Sprache geworden. Aber vieles am Hochdeutschen unserer Region zeigt im Wortschatz, der Aussprache oder dem Satzbau die Spuren der ursprünglich verbreiteten plattdeutschen Sprache. Nach diesen typischen Spuren des Plattdeutschen im Hochdeutschen suchen wir mit dieser Aktion des Schleswig-Holsteinischen Zeitungsverlages. Ebenso suchen wir nach typischen plattdeutschen Wörtern und Wendungen.

Was meinen Sie, was ein Süddeutscher versteht, wenn wir sagen: „Die Wasserleitung leckt." Er wird fragen: „Woran?" Denn für ihn tropft eine Wasserleitung. Im Plattdeutschen leckt das Fass oder die Milchtüte.

Und einige norddeutsche Wendungen erobern den Süden zurück, so das norddeutsche „Tschüss" oder – noch nicht ganz so weit – → *Moin*. Und welche Wörter sind noch so expansiv? Das erinnere ich nicht – schon wieder norddeutsch, gemeindeutsch hieße es: Daran erinnere ich mich nicht.

Sprechen geschieht zum großen Teil automatisch, ohne dass wir viel darüber nachdenken, wie wir sprechen. Wäre es nicht schön, wenn wir mehr über unsere besonderen norddeutschen Sprachen wüssten?

Willy Diercks

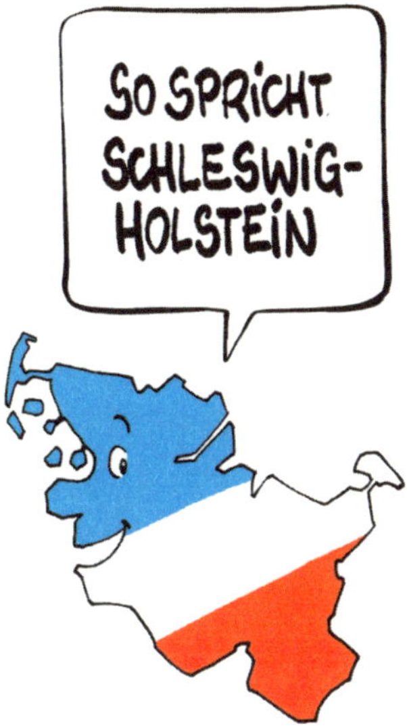
SO SPRICHT SCHLESWIG-HOLSTEIN

Ab und an Diese Worte bedeuten „manchmal, von Zeit zu Zeit, hin und wieder". Ihren Ursprung hat die Redensart im plattdeutschen „af un an", „af un dann" oder „af un to" (ab und zu).

Achtersteven Mit diesem Begriff wird umgangssprachlich auch der Hintern (Achtersen) eines Menschen bezeichnet. Seemännisch ist damit das Heck eines Schiffes, der hintere Teil, gemeint. Es entstammt dem niederdeutschen Wort „Steven", das „Pfosten" oder „Stab" bedeutet. Steven sind die jeweiligen Verlängerungen des Kiels an Heck und Bug des Schiffes. Um im Bilde zu bleiben: Der verlängerte Rücken der betreffenden Person hat beträchtliche Ausmaße.

Afkaat (von „Advokat") „Segg mi man de reine Wohrheit, un nix as de Wohrheit", seggt de Afkaat, „dat Legen will ik woll doon." („Sag mir nur die reine Wahrheit, und nichts als die Wahrheit, das Lügen überlass mir", sagt der Anwalt zu seinem Klienten.)

Aflegger (Ableger) Im Umgang miteinander bedienen sich die Plattdeutschen mitunter einer ruppigen Sprache. Vermuten sie, dass der rothaarige, sommersprossige Nachbarsjunge nicht der leibliche Sohn des Ehemannes sei, heißt es schon mal hinter vorgehaltener Hand: „Dat's wiss en Aflegger vun den ‚roden Willy'." (Das ist bestimmt ein Ableger vom „roten Willy".) Sollte in früheren Zeiten die Geburt eines Kindes verheimlicht werden, sagte man: „Se hett afleggt" (Sie hat abgelegt).

Alkoven So hießen früher die Wandbetten, in denen man zumeist im Sitzen schlief. Der Begriff stammt aber nicht aus dem Plattdeutschen oder Friesischen, sondern aus dem Arabischen.

Altona (all-to-na) Altona ist bereits im frühen 16. Jahrhundert gegründet worden, und zwar rund um eine Gastwirtschaft herum. Diese lag „all-to-na" (allzu nah) bei Hamburg (nach *Karl* → *Müllenhoff*, „Sagen"). Daher der Name. Dieser Flecken hat sich so schnell entwickelt, dass ihm 1664 das Stadtrecht und eine Reihe von Zoll- und Handelsvorteilen eingeräumt wurden. Zweihundert Jahre später, nach dem deutsch-dänischen Krieg, kam das seit 1640 dänische Altona zu Preußen und damit zu Schleswig-Holstein. Mit dem Groß-Hamburg-Gesetz ist Altona 1937 endgültig ein Teil von Hamburg geworden.

Ameise/Miir „‚Ale baad halept', saad a miir, do paset jü uun't hääf" („Jede Gabe hilft", sagte die Ameise, da pisste sie in das Wattenmeer). So sagt man auf Föhrer Friesisch und meint damit, dass viele Kleinigkeiten schließlich etwas Großes bewirken können.

angehen „Das kann ja nicht angehen!" Hierbei handelt es sich um eine Redewendung, die mit leichter Empörung zum Ausdruck bringen will, dass etwas nicht richtig oder zulässig sein kann. Im Plattdeutschen heißt es: „Dat kann jo nich angahn!"

Angler Muck „Ich soll einen Angler Muck haben, bitte." Das alkoholische Mischgetränk gilt als „Nationalgetränk" Angelns, der Region zwischen Schlei und Flensburger Förde. In der kalten Variante wird Korn vor allem mit Zitronenlimonade gemixt. Der „warme Muck" wird mit Rum und heißem Wasser getrunken und – im Gegensatz zum Grog – mit Zitronensaft und Zucker abgeschmeckt. Man muss höllisch aufpassen, dass einem dieses Getränk nicht die Beine unter dem Leib wegreißt.

Anhalten tut kriegen „Anholen deit kriegen". Schleswig-Holsteiner gebrauchen diesen Spruch, wenn sie hartnäckig ein Ziel verfolgen und am Ende siegreich sind. Hans von Wecheln, Sprecher der „Schutzgemeinschaft Deutsche Nordseeküste", kämpfte – wie er sagt – nach diesem Motto jahrzehntelang für eine deutsche Küstenwache und einen hochseetauglichen Notschlepper für manövrierunfähige Schiffe. Und hatte am Ende Erfolg. Nach einem wahren Vorstellungsmarathon bei den künftigen Brauteltern gaben diese dem jungen Mann schließlich das „Jawort". „Süh", sagte der Brautvater verschmitzt, „nu hett sik

dat doch noch lohnt, anholen deit eben doch kriegen" (Die Ausdauer und das Anhalten um die Hand der Tochter haben sich doch gelohnt).

Apfrikosen So mancher Schleswig-Holsteiner wird sich schmunzelnd an die Zeit erinnern, als seine Mutter ihn auf den Wochenmarkt schickte mit der Aufforderung, ja nicht die „Apfrikosen" zu vergessen. Die Verkäufer nahmen an dieser „Lautverschiebung" keinen Anstoß, schließlich kaufte man ja auch „Apfelsinen" und „Äpfel" und nicht Appelsinen und Appeln, es sei denn, man war ein Plattdeutscher.

appeldwatsch Dieses Doppelwort hat nun nichts mit Appel (Apfel) zu tun. Es setzt sich vielmehr aus den beiden synonymen Adjektiven „abelsch" und „dwatsch" (jeweils albern) zusammen. Wenn jemand „nicht so'n appeldwatschen Kram" schnacken soll, meint man, dass er nicht so närrisch, verrückt, wunderlich oder seltsam daherreden möge. Ist sein Gang merkwürdig, seltsam unbeholfen, geht er „appeldwatsch" oder „dwallerwatsch", „über den großen Onkel" (→ *Onkel, großer*).

April „Geihst du in'n April bi Sünnschien ut, loot nie nich den Schirm to Huus" (Gehst du im April bei Sonnenschein aus, lass niemals den Schirm zu Haus). Das Sprichwort stammt aus dem Repertoire der „Buurnspröök för den

Oostermoond" (Bauernregeln für den April). In vielen Teilen unseres Landes heißt es auch: „De April deit, wat he will" (Der April macht, was er will).

Apteeker „Leewer tu a beker üüs tu a apteeker." Dieser friesischen Redensart von der Insel Föhr werden die meisten gern zustimmen: Lieber zum → *Bäcker* als zum Apotheker.

Backaben Der holzbeheizte Backofen gehörte im
19. Jahrhundert noch zu vielen Häusern.
Heute kommt das Backen im traditionell be-
feuerten Backofen wieder in Gebrauch. Beque-
mer ist das Backen im Elektroherd. Viele
Sprichwörter und Redensarten, die heute fast
alle nicht mehr bekannt sind, sind dem Backvorgang entlehnt wie: „He dampt as'n Backaben" (Er dampft wie ein Backofen = er raucht

Brotbacken auf der Backenswarft/Hallig Hooge.
Foto um 1930

heftig); „He is nich gans gor ut de Backaben
kamen" (Er ist nicht ganz gar aus dem Backofen gekommen = er ist nicht ganz richtig, gesund); „Bi em is dat Füer in de Backaben
utgahn" (Bei ihm ist das Feuer im Backofen
ausgegangen = er ist verarmt).

Bäcker Bäcker gab es früher in jedem Dorf, Brot-
fabriken waren unbekannt. Die Fülle an Back-
werk ist allerdings nicht erst heute auf dem
Markt; auch das Verzeichnis in Otto Mensings

Schleswig-Holsteinischem Wörterbuch (1927)
ist beeindruckend, vom Abenkater (Ofenkater), Appelkoken (Apfelkuchen), Bedelkoken
(Bettelkuchen), → *Heetwecken* (Heißewecken),
Kaffeebrood (Kaffeebrot), Kliesterkoken (Kleisterkuchen), Kringel, → *Klöben* (Festgebäck),
Krintenbrood (Korinthenbrot), → *Stuten* bis
zum Teekoken (Teekuchen). Der Backvorgang
wurde von Ritualen begleitet. Man bekreuzte
das Brot und sprach den Backsegen: „Uns
Brood is in Aben, uns Herrgott is dor baben"
(Unser Brot ist im Ofen, unser Herrgott ist
dort oben). Backen war eine äußerst wichtige
Tätigkeit, deswegen sind Kinderlieder und La-
ternelieder darum entstanden wie „Backe,
backe Kuchen" und „Kiek ins, wat is de Himmel so root, dat sünd de Engels, de backt dat
Brood" (Schau mal, was ist der Himmel so rot,
das sind die Engel, die backen das Brot).

Bagaluten Dies seien, scherzhaft gemeint, böse
Jungs, Schlawiner, Lumpen oder Spitzbuben,
sagt man u. a. in Husum. Das Wort stammt
vermutlich aus der englischen Seemannssprache – „bag o' loot" (Beutel voller Diebesgut).
Es gibt aber auch den Ausdruck „bag o' louts"
(ein Beutel voller Lümmel, Rüpel, Flegel) als
etymologische Wurzel. Die Mitglieder der
Band „Torfrock" bezeichnen sich als „Bagaluten". Ihre weihnachtlichen Konzerte mit dem
plattdeutschen Namen „Bagalutenwiehnacht"
sind Kult – nicht nur in Schleswig-Holstein.

Bangbüx Der Ausdruck bezeichnet einen Feigling, der „die Hosen gestrichen voll hat". („De → *Büx* slurrt em vör Angst un Bang üm de Benen", die Hose schlottert ihm vor Angst um die Beine.)

Basselhuus Das war früher ein Haus, in dem ein Kind geboren wurde. Engste Nachbarinnen wurden zu Hebammen, die in den Städten „Beistandsdamen" genannt wurden. Sie halfen bei der Geburt und der Versorgung der Wöchnerin und erledigten notwendige Arbeiten in Haus und Stall. Spätestens eine Woche nach der Geburt kamen alle Nachbarinnen zum → *Kindskiek* ins Basselhuus. Kein Mann wagte es, sich in die „Bassel-Gesellschaft" zu begeben.

beerfätjet „Bäädere beerfätjet as suner fätj" (Besser barfuß als ohne Füße). Diese friesische Weisheit stammt vom nordfriesischen Festland aus der Bökingharde (→ *Harden*).

begööschen Aufgeregten Zeitgenossen tut es bisweilen gut, wenn man sie durch gütliches Zureden zu beschwichtigen und damit zu beruhigen versucht. Dann „begööscht" man sie. Nicht immer gelingt das, wenn sie zum Beispiel merken, dass man sie über etwas hinwegtäuschen will. Ammen haben sich früher durch spezielle Zischlaute bemüht, die Säuglinge zu beruhigen, wenn sie hungrig waren. Dann hieß es auch schon mal: „Dat Kind lett sik gor ni begööschen" (Das Kind lässt sich gar nicht beruhigen).

begriesmulen Wenn Menschen in unserem Lande meinen, dass man sie übervorteilt, „übers Ohr gehauen" hat, fühlen sie sich in Süderdithmarschen und auf Eiderstedt „begries" oder „begriesmuult" und in Neumünster „begrasmuult" oder „begrasmardelt". Dem oben angeführten Verb liegt das Adjektiv „gries" = grau zugrunde.

beigehen „Ich geh' da mal bei." Dieser Spruch heißt so viel wie „Ich mache das mal fertig" oder „Ich erledige das jetzt".

Belem (Beleven) Plattdeutsch für Beliebung, „Zweckgemeinschaft". Für das Zusammenleben im Dorf hatten sich im Laufe der Jahrhunderte bestimmte Regeln herausgebildet, die schließlich auch niedergeschrieben wurden. Man nannte sie „Beliebung", „Willkürsbrief", „Scherbrief" oder „Bursprake". Die Obrigkeit hatte großes Interesse an ihnen, damit Streit gar nicht erst entstand oder schon auf Dorfebene geschlichtet werden konnte. Ohne Vorlage einer Genehmigung durch die Obrigkeit und ohne dass sie mit obrigkeitlichen Auflagen versehen war, gab sich die Zweckgemeinschaft diese Beliebung („beliebt, bewilligt und beschlossen" – daher der Name) selbst. Überwacht wurde die Einhaltung der Beliebung vom Bauernvogt. Verstöße zogen die jeweils beschlossenen Strafen nach sich.

Das Biikebrennen am 21. Februar, ein uralter Brauch, hat sich zu einem regelrechten Volksfest entwickelt.

Biikebrennen Das Wort „Biike" stammt aus dem Friesischen und heißt hochdeutsch „Bake" (Feuerzeichen). Das Biikebrennen ist in Nordfriesland ein traditionelles Volksfest, das am 21. Februar gefeiert wird. Dies ist der Vorabend des Festtags „Petri Stuhlfeier in Antiochien", auch → *Petritag* genannt. Im Nordfriesischen heißt es „Piddersdai". Auch auf den dänischen Wattenmeerinseln kennt man das Biikebrennen als „Peers aften" (Peters Abend).
Das Fest hat seinen Ursprung wahrscheinlich in heidnischer Zeit und sollte die bösen Geister vertreiben. Auf den Inseln diente das Biikefeuer später zur Verabschiedung der Walfänger.

Bilegger Die gusseisernen Kastenöfen in den traditionellen Bauernhäusern wurden von der Küche aus beheizt. Das niederdeutsche Wort „bileggen" heißt „dazulegen", „nachheizen".

bimsen Was haben sich die Lehrer früher nicht alles einfallen lassen, um mit den Schülern das Einmaleins, das ABC und die Namen von Flüssen oder Orten zu „bimsen". Wie war das gleich mit „Iller, Lech, Isar, Inn fließen rechts zur Donau ..."? Oder dem Bibelquiz? Am aufregendsten war ein Schleswig-Holstein-Quiz. Der Lehrer nannte einen Namen, und die Schüler mussten in Windeseile auf der Karte mit dem Finger oder Lineal darauf zeigen. Das Verb „bimsen" kommt aus der Maler- und Tapeziererersprache und bedeutet „glätten". Unebenheiten im Holz und an der Wand wurden mit dem Bimsstein glatt gerieben. Das tat man im übertragenen Sinne auch mit den Soldaten, denen man militärischen Schliff (Drill) beispielsweise bei der Ausbildung von Rekruten „einbimste" („Wi sünd orrig bimst worrn bi'n Kommiss" = Wir sind ordentlich geschliffen worden beim Militär).

Birnen, Bohnen und Speck heißt ein in Schleswig-Holstein wegen seiner schmackhaften Kombination von süß und deftig sehr beliebtes Gericht, eine Art Eintopf.

birsen „Wat hett he jümmerto to birsen" (Was hat er immerzu hin und her zu rennen), sagt man auf Plattdeutsch zu einem unruhigen, stets geschäftigen Menschen. Kommt das Vieh, besonders das Jungvieh, im Frühjahr auf die Weide, „birst" es wie toll umher, vor allem dann, wenn es von Hitze und Insekten gequält wird. Das „Birsen" der Kühe deutet der erfahrene Landwirt als Vorboten eines nahenden Gewitters. Kommt jemand eilig daher, kommt er angebirst, „kummt he anbirsen".

blaffen, anblaffen „Blaff mi nich so an!", rief die Ehefrau Richtung Ehemann, schlug die Wohnungstür hinter sich zu und verschwand bei Nacht und Nebel. Sie meinte damit, dass er sie nicht wie ein Köter anbellen, ankläffen sollte. Vielleicht wäre sie geblieben, hätte sie den Spruch gekannt: „Hunnen, de dull blafft, biet mehrstentiets nich" (Hunde, die doll kläffen, beißen meistens nicht).

blanker Hans heißt etwa „ärmlicher Geselle". So wurde die stürmische Nordsee verhöhnt, zum Beispiel in dem Ausruf → *Trutz, blanke Hans*, der durch die Ballade von *Detlev von* → *Liliencron* bekannt geworden ist.

blau „Er ist blau." Mit dieser Beschreibung eines Menschen verbinden wir seinen alkoholisierten Zustand. Wie ist es zu dieser Bezeichnung gekommen? Eine Erklärung lautet: Am Montag vor Aschermittwoch wurde zum Beispiel der Altar mit einem blauen Tuch behängt, daher der „blaue Montag". Wer nun „blauen Montag" oder ganz einfach „blau" machte,

Dem blanken Hans, den anstürmenden Flutwellen der Nordsee wie hier auf Sylt, haben die Menschen wenig entgegenzusetzen.

blieb der Arbeit fern, um sich angeblich in der Kirche zu erbauen. Bisweilen kam es vor, dass er sich diese Erbauung in der nahe gelegenen Kneipe holte. Dann machte er nicht nur „blau", dann war er auch „blau".

blaues Regal „Das kommt alles ins blaue Regal." Dies ist ein beliebter Schnack unter Seeleuten und bedeutet nichts anderes als: „Das geht alles über Bord."

Blau-Weiß-Rot Auf dem großen schleswig-holsteinischen Sängerfest 1844 in Schleswig ist die Fahne mit den Farben „Blau-Weiß-Rot" zum ersten Mal gezeigt worden. Als Ausdruck für die schleswig-holsteinische Bewegung hat sie großen Anklang gefunden, ist jedoch erst 1957 als offizielle Landesflagge zugelassen worden.

Boot ist ein norddeutsch-niederdeutsches Wort für ein kleines Wasserfahrzeug, das im Süden Deutschlands „Nachen", „Kahn" oder „Naue" heißt. „Boot" hat sich mit der Seefahrt des Nordens und auch in der Marine und dem Sport allgemein durchgesetzt. Die Marinedienstgrade weisen noch auf die alten Befehlsstrukturen hin, wie am Unteroffiziersdienstgrad Bootsmann deutlich wird.

Bootfahrten So nennt man Kanäle auf Eiderstedt. Mit ihnen wurden durch niederländische Einwanderer der Binnenverkehr und die Entwässerung auf der Halbinsel verbessert. 1612–15 entstanden die Süderbootfahrt von Garding nach Katingsiel, die Norderbootfahrt von Tetenbüll nach Tönning und schließlich eine Verbindung von der Süderbootfahrt nach Tönning. Zahllose Güter transportierte man auf den acht bis zehn Meter breiten Wasserstraßen.

Boßeln Das ist eine Mannschaftssportart, die vor allem bei starkem Frost in den Elbmarschen, in Dithmarschen, auf Eiderstedt und Pellworm sowie in den an die Marschen angrenzenden Geestgebieten ausgeübt wird. Der ältere Name hierfür ist „Klootscheten" (siehe auch → *Klootstockspringen*). Dazu braucht man

Boßeln – ein Spiel, in dem die Kugel mit möglichst wenigen Würfen über eine möglichst weite Strecke geworfen werden sollte.

einen Boßel, das ist eine mit Blei ausgegossene Holzkugel, deren Gewicht zwischen einem halben und drei Pfund schwankt. Zwei Mannschaften aus Dörfern unterschiedlicher

Kirchspiele, manchmal bis zu je 100 Werfer (Smieter) stark, werfen den Boßel nach einem vorher festgelegten Modus auf einer ebenfalls abgegrenzten Wurfbahn Mann gegen Mann. Dort, wo der Wurf aufkommt, wird die Stelle von einem „Stocklegger" markiert, von wo dann weiter geworfen wird. Beim Werfen gibt es unterschiedliche Techniken, die Teil der Regularien sind. Die Mannschaft, die am weitesten geboßelt hat, wird durch Böllerschüsse als Sieger ausgerufen und bei dem nachfolgenden Boßelbeer (Boßelbier) ganz oder teilweise freigehalten.

Bottermelk Botter (Butter) und Bottermelk (Buttermilch) waren Erzeugnisse, die auf dem Hof selbst erarbeitet wurden. Buttermilch war ein wenig geachtetes Nahrungsmittel. „He schall Bottermelk un Törfsoden to Fröhstück hebben" (Er soll Buttermilch und Torfsoden zum Frühstück haben); „Junge, wat sünd wi Buurn lusti, laat uns noch en Glas Bottermelk drinken" (Junge, was sind wir Bauern lustig, lass uns noch ein Glas Buttermilch trinken). Wenn jemand blass und kränklich aussieht, dann hat er die „Bottermelksfarv" (Buttermilchfarbe). Und bekannt ist der Ausruf: „Dat is een för de Bottermelk!" (Das ist einer für die Buttermilch = er taugt nichts). Siehe auch → *Mann inne Tünn.*

Braschbüdel Wir kennen sie alle, die „Braschbüdels" (wörtlich: Braschbeutel), die mit einem treuherzigen Augenaufschlag das Blaue vom Himmel herunterlügen, die angeblich Gott und die Welt gesehen und erlebt haben und die bei stürmischem Herbstwetter in einer offenen Nobelkarosse durch die Straßen kutschieren. Es sind nicht unbedingt angenehme Zeitgenossen, diese Großmäuler. Hierzu passt das Adjektiv „braschig" = prahlerisch.

Brass „Ick bün in de Brass" (Ich bin in Brass). Dieser Spruch wurde oft dann benutzt, wenn für einen Wortwechsel keine Zeit war. In Dithmarschen versteht man darunter allerdings auch, dass jemand fürchterlich verärgert ist, „in de Brass is". Der Ursprung ist im plattdeutschen Nomen „Brasch" = lautes Gerede zu suchen.

Bräutigamseiche Für junge Leute – das können natürlich auch ältere sein – ist die Bräutigamseiche ein heißer Tipp, wenn sie heiraten wollen. Die Eiche findet man südwestlich von Malente in dem Bergen-Gehölz nahe dem Forsthaus Dodau. Ein Hinweisschild zeigt den Weg dorthin. Partnerschaftsanzeigen können über die Deutsche Post an die Adresse „Bräutigamseiche" verschickt werden. Sie kommen garantiert an, wie das Beispiel eines Ehepaares beweist, das sich im Fernsehen hocherfreut über diese einmalige Eheanbahnungseinrichtung geäußert hat. Die Post deponiert die Briefe in einem Astloch der über 500 Jahre alten Eiche. Jeder Interessierte kann sie sich herausnehmen – und natürlich beantworten.

bregenklöterig „He/se is bregenklöterig" (Er/sie ist bregenklöterig). Das sagt man, wenn man jemanden für verwirrt, verrückt, nicht ganz klar im Bregen (Gehirn) hält.

Briet Als Brieten bezeichnete man in Dithmarschen ungezogene Jungen, manchmal neckisch wie: „Na, du Briet, wat hest du nu wedder anstellt?" (Na, was hast du nun wieder angestellt?) Ursprünglich waren damit aber brutale, rohe Kerle gemeint, abgeleitet vom französischen „brute" (wildes Tier).

brüden Jemanden foppen, necken, zum Besten haben oder halten heißt im Plattdeutschen ihn „brüden". Dieses Verb wird auf das mittelniederdeutsche „bruden" (plagen) zurückgeführt. Es war viele Jahre aus dem Sprachalltag verschwunden und ist nun durch die plattdeutsche Literatur neu entdeckt worden. Humorlose Menschen müssen besonders wachsam sein, wenn „dat Brüden ümgeiht" (das Necken umgeht).

Bullerballer (Bullerjochen, Bullerjahn) „Dat is de Höll", seggt Minna to ehr Naversch, „Dag un Nacht mit so'n Bullerballer, as mien Jochen dat is, tosamen to leven." („Das ist die Hölle", sagt Minna zu ihrer Nachbarin, „Tag und Nacht mit so einem Bullerballer, wie mein Jochen das ist, zusammenzuleben.") Bullerballer, Bullerjochens und Bullerjahns sind zumeist gutmütige Polterer (bullern = poltern).

Buschedörp In Dithmarschen gibt es einen kleinen Ort mit dem Namen Schwienhusen. Im
Volksmund wird dieser Ort auch Buschedörp
genannt. „Busche" heißt im Plattdeutschen
das Schwein, und „Dörp" steht für Dorf. Zu
Kindern, die sich im Dreck (Mutt) gewälzt
haben, sagte man neckisch-liebevoll: „Na, du
lüttje Muttbusche."

büten „Büten blank – benen kraank" (Außen
blank – innen krank). So sagt man auf Sylter
Friesisch. Die Weisheit erinnert an „Außen
hui – innen pfui".

Bütt pedden Auf diese traditionelle Art kann man
Plattfische („Bütt", Singular Butt) wie Scholle,
Seezunge oder Flunder im Wattenmeer fangen. Man muss den Butt mit den Füßen „pedden" (treten), also unter den Fußsohlen
festhalten, und ihn dann greifen, grabbeln.
Dann wird der Butt in die „Büttskiep" geworfen, das ist ein Korb, den man auf dem Rücken trägt. Noch heute ruft man Menschen
mit großen Schuhen zu: „Was hast du für
große Büttpedder an!"

Büürstook In den Gemeinden der Insel Föhr wurden in früherer Zeit die amtlichen Mitteilun-
gen für die Dorfbewohner durch einen
Büürstook verbreitet. Dieses friesische Wort
bedeutet übersetzt so viel wie „Bauernstock".
Der Mitteilungszettel wurde an einem Stock
befestigt und so auf einer genau festgelegten

Route von Haus zu Haus getragen. Diese „Buschtrommel" ist sozusagen ein friesischer Internetvorläufer.

Büx „Ik krieg di bi de Büx" oder „Ik heff di bi de Büx". Das sagen die Plattdeutschen, wenn sie jemanden bei einer Lüge oder Unwahrheit oder sonstigen Unregelmäßigkeit ertappen. Sie halten ihn an der Hose (Büx) fest, damit er nicht davonlaufen kann. Siehe auch → *Bangbüx*.

Da muss ich noch mal bei Haben Handwerker ihre Arbeit nicht ordentlich verrichtet, gibt es kein → *Vertun*, dann müssen sie den entstandenen Schaden umgehend reparieren, „müssen da noch mal bei" (mööt dor noch mol bi).

Da nicht für oder Dafür nicht Das ist eine hochdeutsche Redensart, die aus dem landläufigen plattdeutschen Spruch „Dor nich för" abgeleitet ist. „Da nicht für" oder „Dor nich för" meint, dass eine besondere Leistung (Hilfe oder Handlung) selbstverständlich ist und es keines besonderen Dankes bedarf. Wenn man sich bei einem Schleswig-Holsteiner, vor allem einem Flensburger, für etwas bedankt, kommt als Antwort garantiert: „Dafür nicht." Das ist typisch, in kaum einem anderen Bundesland wird so auf einen Dank reagiert. Eine nette Begebenheit: Zwei Touristen kamen auf der kanarischen Insel La Gomera in ein voll besetztes Lokal. Die Leute an einem Tisch rückten auf ihrer Bank sofort zusammen, damit sie auch noch mit sitzen konnten. Sie bedankten sich, und da kam dieses „Dafür nicht". Einer von beiden meinte dann: „Na, Sie sind doch bestimmt aus Flensburg?" Großes Erstaunen: „Woher wissen Sie das denn?"

Dack (Reet) Wenn Schleswig-Holsteiner von „Dack" sprechen, meinen sie zunächst das hochdeutsche Wort „Dach". In Küstenbereichen, vorwiegend an der Westküste, auf den → *Halligen* und den Nordfriesischen Inseln,

Ein Reetdachdecker bei der Arbeit

ist „Dack" die spezifische Bezeichnung für
Reet, mit dem heute immer noch viele Häuser gedeckt werden. Reet ist getrocknetes, ge-
bündeltes Schilfrohr, das heute vor allem an
und in süd- und osteuropäischen Seen geschnitten wird, in geringem Umfang auch bei
uns. Es wird nach dem Schnitt und dem
Trocknen zunächst imprägniert und dann auf
eine bestimmte Länge hin gebündelt. Die so
entstandenen Bündel werden mit Draht und
dicken Nadeln übereinandergenäht, bis
schließlich eine 40 Zentimeter dicke Schicht
die Sparren des Dachgerüstes bedeckt. Reet
ist ein gutes Isolierungsmittel. Die Haltbar-
keit eines Reetdaches bestimmt sich nach
Wind- und Wetterseite sowie fachgerechter
Bearbeitung und der Qualität des Materials.
Ein solches Dach kann zwischen 20 und 100
Jahre alt werden. Da Reetdächer leichter
brennen als konventionell hergestellte, ist die
Gebäudeversicherung um einiges teurer.
Auch müssen beim Bau zusätzliche sicher-

heitsrelevante Auflagen wie zum Beispiel ein bestimmter Abstand zu Waldgebieten bedacht werden.

Damm, Op'n Damm Wenn sich Menschen in Schleswig-Holstein begegnen, fragt man einander häufig, wie es einem denn so gehe, und erhält nicht selten die Antwort: „Ach, fraag nich, ik bün nich goot op'n Damm" (Ach, frag nicht, ich bin nicht gut auf dem Damm = es geht mir nicht gut). Wenn jemand „ni recht op'n Damm is", dann ist er nicht recht bei Trost, und „is he nich op'e Damm", ist er offenbar nicht auf dem Laufenden.
Mit „Damm" bezeichnet man keinen → *Deich*, vielmehr einen leicht aufgeschütteten Erdwall. Das kann auch ein erhöhter Fahrweg, Bahndamm oder eine Chaussee sein.

Das kann ich nicht ab Eine mit einem Schwaben verheiratete Schleswig-Holsteinerin erzählt: „Geboren und aufgewachsen in Schleswig-Holstein, ist mir sehr geläufig, wenn jemand sagt: ‚Das kann ich nicht ab.' Seit 16 Jahren bin ich mit einem Schwaben verheiratet, der seit dieser Zeit auch in unserem schönen Schleswig-Holstein lebt. Er fing früher an zu schmunzeln, wenn er diese Ausdrucksweise hörte. Nun hat er sich offenbar daran gewöhnt und erklärt Freunden aus seiner alten Heimat, die bei uns zu Gast sind, dass wir es nicht ertragen (abkönnen), wenn man schlecht über uns redet." Nicht „ab" können selbst viele

Landbewohner den Güllegestank, obwohl die gute Landluft doch so gepriesen wird.

Das tut nicht nötig Diese hochdeutsche Redensart ist abgeleitet von dem plattdeutschen „Dat deit nich nödig" oder „Dat harr nich nödig daan". Diese Redensarten bezeichnen einen sympathischen, bescheidenen Wesenszug des Schleswig-Holsteiners.

Dabei kann es zu dem folgenden Dialog anlässlich einer Konfirmationsfeier auf dem Lande kommen: Lenchen Peters steht vor dem Konfirmanden und will ihm als Geschenk ein Kuvert mit einem Zehneuroschein überreichen. Der Junge will freudig zugreifen, da ruft die daneben stehende Mutter: „Aver Lenchen, dat deit doch nich nödig!" (Aber Lenchen, das tut doch nicht nötig!) „Ganz as du meenst, Berta" (Ganz wie du meinst, Berta), ruft die Angesprochene, macht auf dem Absatz kehrt und verschwindet mit dem Kuvert.

dazwischenfahren Wo es andernorts „pendeln" heißt, spricht man insbesondere in Flensburg und anderen Landesteilen von „zwischenfahren", wenn regelmäßig eine Wegstrecke zwischen Wohn- und Arbeitsort zurückgelegt wird. Es bedeutet aber auch, dass jemand sich einmischen, dazwischenfahren sollte, wenn eine verfahrene Situation dies erfordert. Im Plattdeutschen heißt es dann: „Dor mutt een mol twüschenfohrn" (Da muss einer mal dazwischenfahren).

Deerns, Jungs, Knechten Viele Menschen arbeiteten früher auf dem Bauernhof. Zum Gesinde gehörte zum Beispiel der Grootknecht (Großknecht), der vormähte, die Pferde führte, den Bauern vertrat. Der Lüttknecht (Kleinknecht) arbeitete unter dem Bauern und dem Grootknecht. Der Deenstjung (Dienstjunge) war der Lehrling, die Buterdeern (buten = draußen, Deern = Mädchen) arbeitete auf dem Feld, melkte, drosch, war die Großmagd. Die Binnerdeern (binnen = drinnen) half der Hausfrau, und, wenn nötig, gab es auch eine Kinnerdeern (Kindermädchen). Übrigens – die Tischordnung beim gemeinsamen Essen richtete sich nach dieser Rollenverteilung. Die Zeit des großen Gesindes war im 19. Jahrhundert schon weitgehend vorbei.

Deich (Diek) „De nich will dieken, mutt wieken" (Wer nicht will deichen, muss weichen). Nach diesem Grundsatz aus dem „Spadelandesrecht" von 1557 konnte jeder, der seinen Anteil bei der Deicherhaltung schuldig blieb, Haus und Hof verlieren. Dies wurde festgestellt, indem man einen Spaten in das Grundstück des Säumigen stach.

Land unter: Seit dem 11. Jahrhundert schützen Deiche, die heute zu den größten Bauwerken der Menschheit gehören, die Küstenbewohner.

Deichgraf Der Deichgraf, Deichhauptmann oder auch Deichvorsteher ist als Oberaufseher für den Schutz der → *Deiche* in einem bestimmten Deichabschnitt unseres Landes verantwortlich. Er wird von Deichverbänden in dieses Amt gewählt, die sich wiederum aus Deichgeschworenen und Ausschussmitgliedern zusammensetzen. Die Arbeit des Deichverbandes unterliegt staatlicher Kontrolle. Wann immer der Begriff „Deichgraf" fällt, erinnern wir uns des aufopferungsvollen Kampfes des jungen Deichgrafen Hauke Haien gegen die Fluten der Nordsee aus der Novelle „Der Schimmelreiter" von Theodor Storm (→ *Tedsche Wind*).

Den Melkmann sien Büx oder „den Preester sien Hemd" (die Hose des Milchmanns oder das Priesterhemd) sagt man in und um Flensburg und meint damit die Haut auf heißer Milch (→ *Melk*) Generationen von Kindern haben sich davor geschüttelt und tun es heute noch.

Disch „Vun'n Disch to'n Wisch" (wörtlich: Vom Tisch zum Wisch). Diese Redensart stammt aus dem Kreis Stormarn. Sie beschrieb früher die Situation, wenn die Familie am Tisch saß und plötzlich jemand auf die Toilette ging.

Ditten wurden auf den → *Halligen* als Brenn- und Heizmaterial benutzt. Man gewann sie aus Rinderdung, der zum Trocknen auf der Böschung der → *Warft* ausgebreitet und flach geklopft, sodann in kleine Platten gestochen wurde. Ganz durchgetrocknet, waren die Ditten völlig geruchlos und konnten auf dem Dachboden gelagert werden.

Döns Das war früher die tägliche Wohnstube in einem Bauernhaus und einer Kate. Zum ersten Mal wurde dieses Wort im Jahre 1444 erwähnt, und man meinte damit einen beheizbaren Raum im Schloss Glambeck auf Fehmarn. Es gab in der Stube, die in sich geschlossen war, einen Beilegerofen (→ *Bilegger*), der von der Küche aus beheizt wurde. So war die Döns rauchfrei, warm und zugleich auch noch sauber. Bei dem Dithmarscher Chronisten Neocorus aus Büsum finden wir 150 Jahre später unter dem Begriff „Dornschen" einen Hinweis auf eine solche Döns.

Dösbaddel „Du Dösbaddel", sagte der Lehrer zu seinem Schützling, wenn der wieder mal etwas nicht verstanden hatte. Er habe nicht aufgepasst, etwas nicht verstanden, sei ein Dummkopf, möglicherweise ein Einfaltspinsel. „Dös" steht für „Dusel", Taumel, Schwindel. Natürlich kennen wir auch noch den Döskopp und den Dösmichel und die Eigenschaft „dösig". Ein „Baddel"(auch Battel, Bardel oder Bartel) ist ein Haudegen.

döschen Bevor Maschinen zum Einsatz kamen, wurde das Korn mithilfe von Dreschflegeln per Hand gedroschen. Dieser Flegel wurde in

Die erste von Motorkraft betriebene Dreschmaschine (Loko-mobil) auf Föhr. Foto von 1904

Nordschleswig rechtsherum, in Schleswig linksherum geschwungen. Bei den Ackerbau-ern war das Döschen (Dreschen) ein großes Ereignis. Bevor die Mähdrescher die Arbeit des Mähens, Bindens und Dreschens übernah-men, kamen große Dreschmaschinen (Dösch-dampers) auf den Hof, und zusammen mit den Erntehelfern wurde dann die gesamte Kornernte gedroschen. Angetrieben wurde die „Döschmaschien" durch Lokomobile oder später durch Elektromotoren. Da das Dre-schen eine große wirtschaftliche Bedeutung für den Hof hatte, haben sich hier viele Rede-wendungen entwickelt wie: „He fritt as en Schünendöscher" (Er frisst wie ein Scheunen-drescher = er ist ein Vielfraß). Die Verpflegung der Erntehelfer war Aufgabe der Bauersfrau, die deren großen Appetit beklagte.

Von einem, der viel unnützes Zeug redete, sagte man: „He döscht lerrig Stroh" (Er drischt leeres Stroh).

Drift Dieses Nomen leitet sich vom plattdeutschen Verb „drieven" = treiben ab. Es heißt je nach Anwendung „Trieb" oder „Eifer". Ist jemand fleißig, „sitt (sitzt) dor Drift in", sagt er etwas mit Nachdruck, „is dor Drift in, wat he seggt". Von einem faulen, antriebslosen Menschen wird gesagt, „dat dor keen Drift in sitt". Ist er hingegen bei seiner Arbeit flott und eifrig, ist er „driftig". Von „Driften" spricht man auch im Zusammenhang mit „Viehdriften", Flurnamen, Feldwegen und Durchfahrten.

Dröhnbüdel So nennt man eine Schlafmütze, einen Langweiler. Gemeint ist damit jemand, der dröhnig ist, manchmal auch drömelig (unaufmerksam).

druseln „Oma, Opa ist gerade mal wieder eingedruselt", ruft der kleine Hans in Richtung Küche und lässt die Wohnzimmertür mit einem lauten Knall ins Schloss fallen. Er meint, Opa sei wohl „eingenickt", hielte seinen Mittagsschlaf. Dabei hätte Hänschen sich ruhig ein wenig rücksichtsvoller verhalten können. Gefährlich werden würde es allerdings, wenn Opa die Wohnzimmercouch mit einer Luftmatratze draußen auf dem Meer tauschen würde, um dem lockenden Werben einer Bikinischönheit zu folgen. „Druseln" kennen wir sowohl im Hochdeutschen als auch im Plattdeutschen, es kommt von dem altgotischen „drûsian" und bedeutet „träge werden", weiter auch „einschlummern", im „Halbschlaf liegen".

Duckdalben Das sind Baumstämme, die in der Nähe des Fahrwassers in den Grund des Hafens gerammt worden sind, um Schiffe im Hafen festmachen oder führen zu können. Druck und Zug werden durch das Holz elastisch ausgeglichen. Für den Begriff „Duckdalben" gibt es mehrere Erklärungen. Das niederländische „Dalbe" bedeutet „Pfahl". Als der spanische Statthalter Herzog Alba (spanisch: Duque d'Alba) 1567 niederländischen Boden betrat, wurden Pfahlgruppen im Hafen Amsterdams nach ihm „Duckdalben" genannt, sei es, weil er die Umschlagsleistung des Hafens (zur Ausbeutung des Landes) verbessern wollte, sei es, dass dieser Name zum Spott – man rammte die Duckdalben in den Grund – verliehen wurde. Politisch oder anekdotisch nicht so anspruchsvoll ist die Erklärung, dass eine Duckdalbe aus drei zueinander geduckten (geneigten) Dalben besteht.

Dutt „Du bist ja 'n fixen Dutt!": „Fixer Dutt" steht für einen patenten, tüchtigen und schnell agierenden Menschen und ist als Lob gedacht. Das Wort „Dutt" bezeichnet allgemein einen Haufen. Früher hatten die Frauen ihr Haar zu einem „Dutt" hochgesteckt.

Die 1933 vom Stapel gelaufene Bark „Gorch Fock" (Foto um 1940), hat gerade von den Duckdalben im Vordergrund abgelegt. Das Schiff, das heute in Stralsund liegt, ist das Typschiff einer Klasse von sechs Segelschiffen, zu der auch das gleichnamige, 1958 in Dienst gestellte Segelschulschiff der Deutschen Marine gehört.

Eck/Eek „Schulige Eck" oder „schulige Eek": Hiermit bezeichnet man einen abgeschiedenen Ort, an den man sich gerne zurückzieht. „Eck" steht für Ecke, „Eek" für Eiche – beide Varianten kommen vor. „Schulig" ist abgeleitet von → *schulen* (Schutz suchen, sich unterstellen). Siehe aber auch → *schuulsch* (hinterhältig, verschlagen).

eisch In Rendsburg erinnert man sich daran, dass kleine Kinder als „eisch" galten, wenn sie unartig und ungehorsam waren. Der Ausspruch stammt von dem mittelniederdeutschen „eislik" = furcht-, grauenerregend. Wir kennen ihn auch heute noch in der Redewendung „Du eische Jung, du eische Deern".

Ekke Nekkepenn So heißt auf den Nordfriesischen Inseln ein sagenhafter Meermann. Trotz seiner hässlichen Gestalt soll er an Land gerne schönen Mädchen nachgestellt haben. Eine Geschichte erinnert an Rumpelstilzchen: Als Inge aus Rantum von der Insel Sylt das Rätsel um ihn löste und seinen Namen erlauschte, verschwand er in den Fluten. Allerdings unternimmt er seitdem alles Erdenkliche, um den Syltern und vornehmlich den Rantumern zu schaden, zum Beispiel durch Sturmfluten.

Eulenspiegeleien Eulenspiegeleien sind lustige Geschichten mit hintersinnigem Humor. Sie sollen, unter Verwendung des Namens von Till Eulenspiegel, 1510/1511 als eine Art Volksbuch

Die Bronzefigur von Till Eulenspiegel auf dem Möllner Marktplatz wurde vom Bildhauer Karlheinz Goedtke geschaffen.

gedruckt worden sein. Es waren Sammlungen
von Schwänken, in denen der bäuerliche Mut-
terwitz dominierte und sich über das städti-
sche Handwerk lustig machte. Eulenspiegel
wurde in Kneitlingen im Braunschweigischen
geboren, später dann hat es ihn nach Mölln
verschlagen, wo er 1350 starb. Neben dem Eu-
lenspiegelbrunnen auf dem Markt in Mölln
findet man eine Plakette des großen irischen
Dichters George Bernard Shaw. Die Möllner
haben ihn zu ihrem großen Ehrenbürger gemacht, weil sie meinten, er wäre geistesver-
wandt mit Eulenspiegel.

Faatdook oder Fahrdook, Leuwagen und Feudel:
Nicht wenige schleswig-holsteinische Haus-
männer glauben, dass sie ohne diese Utensi-
lien in der Küche elendig versagen würden –
sie meinen das Wischtuch für die Küche, den
Schrubber und das Wischtuch für den Fuß-
boden. Wenn auch die Menschen in Hohen-
westedt, Ahrenviöl und anderswo finden, dieses Tuch müsse „Fahrdook" (Fahrtuch) heißen,
weil man damit über den Tisch „fahre", so ist
die eindeutige Bezeichnung doch „Faatdook",
denn es ist ein feuchtes Wischtuch zum Ab-
waschen von Schüsseln und Tellern, also ein
Tuch zum „Anfaten" (Anfassen). Wie nützlich
zum Beispiel so ein Fahr- oder Faatdook sein
kann, erzählt uns Mimi Stricker aus Tönning,
hier in einer hochdeutschen Fassung:
„Wenn ich an meine Oma denke, denke ich an
ihr Fahrtuch. Das war so ein graues Stück Tuch
mit Löchern so groß wie ein Briefbogen. Und
das lag immer rechts auf dem Rand des Hand-
steins. Oma hatte in ihrer Küche kein Wasch-
becken oder so 'ne Art Alu-Spüle. Nein, nein,
sie hatte noch einen echten, großen Handstein
mit einer Pumpe dabei. Aus der kam aber
schon lange kein Wasser mehr. Seit dem Ende
der 1950er-Jahre hatten Oma und Opa in der
Küche einen Wasserhahn mit kaltem Wasser.
Die Pumpe war man einmal hübsch, die haben
sie dann stehen lassen. Und wie ich schon
sagte, rechts unter der Pumpe, da lag immer
Omas Fahrtuch. Und damit wurde alles abgewischt. Zunächst der Tisch. Wenn wir was

übergekleckert hatten, dann hieß es: ,Teller hoch!' Und dann sauste Oma mit ihrem Tuch über den Tisch. Klar, dass der dann noch ein bisschen nass blieb, denn das Fahrtuch war schließlich kein Wischvlies. Oma war nicht für das Feine, vielmehr für das Praktische. Wenn auf dem Tisch die Flecken schon getrocknet waren, wie die Soße von dem Sonntagsbraten und das Fett von den Bratkartoffeln, dann half Oma mit ein bisschen Scheuerpulver nach. ,IMI' hieß dies Wundermittel. Oma schwor darauf. Und auch dann noch, als es längst den ,Weißen Wirbelwind' und ,Meister Propper' gab. Oma blieb bei ,IMI'. Und davon stank das Tuch dann auch so stark. Das bekam ich immer dann zu spüren, wenn ich die Erdbeer- und Schokoladensoße von meinem Pudding noch an meinem Mund hatte. Da nahm Oma einfach ihr Fahrtuch, und schwupps fegte sie mir mit dem kalten, nassen Stück Tuch über das Gesicht und wischte mir, den IMI-Rest im Tuch, den Mund wieder sauber. Ja, ja, meine Oma war mehr für das Praktische. Was ich damals als Kind nicht wusste: Das Fahrtuch war die abgelegte Unterhose von Oma. Sie trug ja immer so → *gediegene* Schlüpfer, die glänzten so matt von außen, und von innen waren sie angeraut. Oben und an beiden Beinen hatten sie ein strammes Gummiband. Was sind die nur groß, habe ich immer gedacht, wenn ich sie an der Wäscheleine bei Oma sah. Dort passte Oma ja zweimal hinein. Chic waren sie nicht, aber praktisch. Tja, und wenn so ein

Schlüpfer von all dem Kochen in dem großen Topf und dem Rubbeln auf dem Waschbrett kaputt war und sich auch das Flicken nicht mehr lohnte, wurde er ausgemustert und von nun an als Fahrtuch gebraucht. Rechts auf dem Handstein, dort lag er dann, kalt und nass, und stank nach ‚IMI‘. Schließlich war die Unterhose so löcherig, dass sie als Fahrtuch nicht mehr taugte, und dann – nein, weggeworfen wurde sie nicht, sie wurde an der Leine fein getrocknet und im Küchenherd verbrannt. Entsorgt, wie man heute sagt. Oma riss dann die Herdklappe auf und sagte: ‚So, nun ist sie dahin!‘"

Fallreep Fallreep ist ohne sprachliche Anpassung in seiner niederdeutschen Form ins Hochdeutsche gekommen. Früher glitt oder rutschte man an einem Seil (Reep, engl. rope, → *Reper/ Reepschläger*) über Bord. Als dann später die Schiffe eine Gangway bekamen, wurde der Name auf diesen weiterentwickelten Gegenstand übertragen. Auch heute kann man ein Schiff über ein aus Seilen hergestelltes Fallreep, das seitlich herabgelassen wird, besteigen oder verlassen. Es wird aber eigentlich nur noch bei der Lotsenübernahme benutzt.

Fardig mit Jack un Büx Der Schneider verkündet seufzend nach getaner Arbeit: „Ik bün fardig mit Jack un → *Büx*" (Ich bin fertig mit Jacke und Hose). Diesen Ausspruch hört man häufig nach einem anstrengenden Arbeitstag.

Farv „Gah mi vun de Farv" (wörtlich: Geh mir von
der Farbe). Das sagt jemand, der sehr verärgert
und bei dem die Wut noch nicht abgeklungen
ist. Da das verärgernde Ereignis noch nicht
lange genug her ist, möchte man in Ruhe gelassen werden. Wie bei noch nicht getrockne-
ter Farbe soll man ihm nicht zu nahe
kommen.
Erläuterung: In früheren Zeiten fuhren die
Färber übers Land, um die Kleidung der Menschen zu färben. War sie am Ende noch nicht
trocken, hieß es gegenüber jemandem, der
einem zu nahe treten wollte, verärgert: „Gah
mi vun de Farv!"

Feen „Hi mei hal uk ens ütj a Feen" (Er mag auch
mal gerne weg von seiner Weide). Das sagt
man im Westen der Insel Föhr über einen
Mann, der gerne einmal „fremdgeht". Dieser
Satz gilt natürlich auch für das weibliche Pen-
dant.

Fegetasche Wer sich in Schleswig-Holstein ein
wenig auskennt, weiß, dass mit diesem
Namen eine ehemalige Zollstation gemeint ist,
die bereits im 13. Jahrhundert ihren Namen erhalten hat. Reisende haben dort an der Zoll-
schranke bis 1838 tief in ihre Tasche greifen,
den letzten Taler „wegfegen" müssen, um die
Zollgrenze überqueren zu können. Daher der
Name. Heute gibt es dort, gegenüber der Anlegestelle für die „Fünf-Seen-Fahrt", am Großen
Plöner See, eine beliebte Gaststätte.

Fever „De Mann hett en chudes Fever, nich to hitt un nich to koolt." Mit diesem Spruch pflegte man in den 1950er-Jahren in der Landschaft Angeln einen Blaumacher (→ *blau*) und Drückeberger zu bezeichnen. Übersetzt heißt er: „Der Mann hat ein gutes Fieber – nicht zu heiß und nicht zu kalt", sprich: Er ist gar nicht krank, er tut nur so.

fieren Fieren bedeutet „ein Tau nachlassen, entspannen". In dieser Bedeutung ist es in allen Sprachen um die Nordsee vorhanden. Es handelt sich natürlich um einen fachsprachlichen Begriff, der beim Ablegen, Festmachen, Verlegen, Laden und Manövrieren von Schiffen zu hören ist. Es wurde aus dem Niederdeutschen ins Hochdeutsche übernommen. „Fier weg!" ist der typische Ruf, wenn eine Last ausgeladen werden soll.

Fiete Iesbüdel Im Schlosspark von Tönning steht zu Ehren des großen Chirurgen Friedrich von Esmarch (1823–1908, Begründer des zivilen Samariterwesens in Deutschland und Onkel des letzten deutschen Kaisers Wilhelm II.) eine Statue, die an diesen bedeutenden Sohn der Stadt erinnert. Er hat Operationstechniken entwickelt, die heute noch gelehrt werden. Weil er bei Entzündungen und Schwellungen häufig den Eisbeutel anwandte, nannte man ihn liebevoll „Fiete Iesbüdel".

figgerig „„Nu wees man nich so figgerig', sä de Meister to sien Stift" („Nun sei man nicht so → *hibbelig*, nervös", sagte der Meister zu seinem Lehrling). Das Adjektiv „figgerig" ist abgeleitet vom plattdeutschen Nomen „Ficker" oder „Figger", Kosename für Ferkel, die sich aufgeregt (hibbelig, figgerig) über die Zitzen der Sauen beim Säugen hermachen.

Fischerie Der Fischfang gehört in Schleswig-Holstein zur Grundversorgung der Menschen und ist als Handwerk Tausende von Jahren alt. Mit → *Boot*, Büs, Joll, Kahn, Kutter und Quaas (Boot mit einem Fischbehälter in der Mitte) sind die Fischer unterwegs und fangen in den Förden und auf See Hering, Dösch (Dorsch), Aal, → *Krabben* (auch Kraut genannt) und Muscheln. In Teichen sind es Heek (Hechte), Karpen (Karpfen), Brassen, Forellen und Bars (Barsch). Redensarten fußen vielfach auf dem Fangglück: „He hett ni recht wat fischt" (Er hat nicht viel erreicht); „Den Bock melken un in de Heid fischen, dat bringt nix" (Den Bock melken und in der Heide fischen, das hat keinen Erfolg).

Fisematenten „Maak man keen Fisematenten" (Mach mal keine Dummheiten). Zur Entstehung dieses Wortes gibt es unzählige Versionen. Eine soll hier abgedruckt werden: Während der Besatzung Hamburgs durch napoleonische Truppen in den Jahren 1806–1812 haben die französischen Soldaten die Ham-

burger Deerns mit den Worten „Visitez ma tente, s'il vous plaît" (Besuchen Sie bitte mein Zelt) in ihre Behausungen locken wollen. Daraus soll dann die Warnung besorgter und des Französischen unkundiger Mütter und Väter entstanden sein: „Mach mir nur keine Fisematenten!"

Fliesen schmücken vor allem in Nordfriesland die Wände vieler Stuben (→ *Pesel*). Die 13 mal 13 Zentimeter großen Fayence-Platten wurden vor allem im 18. Jahrhundert aus den Niederlanden eingeführt. Sie zeigen Landschaften, Blumen, Tiere, biblische Szenen, Windmühlen und Schiffe.

Flotte Viele Schiffe zusammen nennt man niederdeutsch „Flotte", so auch ähnlich im Niederländischen und Dänischen. Im Hochdeutschen sind Ableitungen von „Schiff" gebräuchlich wie Schiffszeug, Schiffer, Schifffahrt, Schiffszimmermann. Als Spanien seine Flotte 1588 gegen England schickte, wurde sie „Armada" (die Bewaffnete) genannt. Sie wurde von der englischen „fleet" (Flotte) vernichtend geschlagen.

Seefahrer, die von langer Fahrt nach Hause kamen, brachten oft aus holländischen Hafenstädten Fliesen mit, um die Wände ihrer Häuser damit zu schmücken.

flütten In Kappeln an der Schlei meint man mit „flütten", man zieht in eine andere Wohnung, man zieht um. Ursprünglich verstand man darunter „etwas fließen lassen". In Dithmarschen kennt man auch diesen Ausdruck: „Se mutt en Knoop flütten" (Sie muss einen Knopf versetzen). Im Dänischen heißt es „flytte", im Englischen „to flit".

foffteihn In Eckernförde gibt es eine Gaststätte „Foffteihn". Der Wirt verbindet mit diesem Namen die Aufforderung, einzukehren und abzuschalten, Pause zu machen. Auch im Handwerk wird die Frühstückspause gern mit „Wi maakt foffteihn" eingeläutet (wörtlich: Wir machen fünfzehn). Warum „foffteihn"? Landauf, landab wird als Erklärung auf die fünfzehnminütige Pause verwiesen. Eine weitere bezieht sich auf das Laden von Gütern (u. a. in Häfen), wobei die Säcke einzeln gezählt und nach jeweils fünfzehn Säcken Trinkpausen eingelegt worden sein sollen. Belegt sind diese Erklärungen nicht.

Föhrer Dosenschwur Die Föhrer, vor allem die Einzelhandelsunternehmer, scheinen kluge und zugleich patente Menschen zu sein. Ab dem 1. Januar 1991 haben sie sich nämlich zu dem historischen „Föhrer Dosenschwur" zusammengeschlossen, ähnlich dem „Rütli-Schwur" der Schweizer Eidgenossen vor einigen Jahrhunderten. Das hieß schlicht und einfach: „In unserem Betrieb werden keine

Getränkedosen verkauft." Bis auf den heutigen Tag halten sich die meisten daran. Sanktionen für die Abweichler gibt es allerdings nicht, denn es handelt sich um einen freiwilligen Schwur.

Friesennerz (Freesennerz) Wenn sich Touristen bei dem bekannten norddeutschen „Schietwedder" mit den zumeist unifarbenen Friesennerzen (blau oder gelb) gegen die Nässe schützen wollen, ist das nur zu verständlich. Diese Regenbekleidung ist als Spottbezeichnung, fast ein wenig liebevoll, in den allgemeinen Sprachgebrauch übergegangen.

Friesentorte Friesentorte ist ein aus Blätterteig hergestellter Tortenboden, der mit Pflaumenmus und Sahne gefüllt wird. Wird heute in allen guten Cafés und Konditoreien angeboten.

funige Im Friesischen kommen viele Wörter vor, für die es keine hochdeutsche Eins-zu-Eins-Übersetzung gibt. Dazu gehört das Verb „funige", was so viel bedeutet wie „einen Krankenbesuch machen".

Futjes, Futtjen, Futsche, auch Förtchen, sind ein beliebtes Gebäck, vor allem an der Westküste. Ein Hefeteig wird löffelweise in einer speziellen Pfanne mit halbkugelförmigen Vertiefungen zu kleinen Bällen gebacken. Man nannte die Futjes auch „Nonnenfürzchen". Siehe → *Rummelpott.*

gediegen Wenn in Schleswig-Holstein etwas gediegen ist, dann ist es rein, sauber, makellos, dann spricht man zum Beispiel von einer gediegenen Einrichtung. Es kann aber auch vorkommen, dass der Ehemann, naserümpfend, ausruft: „Gediegen, gediegen, hier riecht es so angebrannt." In diesem Falle meint er, dass es so merkwürdig, eigenartig rieche. Im Plattdeutschen finden wir das Verb „diegen" oder „dien" für „gedeihen". Ist etwas rein und sauber, ist es gut gediehen („goot diegt", Partizip Perfekt). Seltener ist die Vorsilbe „ge-" (gediegen) anzutreffen, da sie ein typisches hochdeutsches Konstrukt ist. Gehen wir einige Jahrhunderte zurück, stoßen wir im Althochdeutschen auf „gidigan" und im Mittelhochdeutschen auf „gediegen". Ja, so gediegen ist es mit dem Durcheinander in unserem Vielsprachenland.

Gelick aso Rock und Stof vorswindt/Aso sint ock de Minschenkindt. „Genau wie Rauch und Staub verschwinden, so werden auch die Menschenkinder vergehen." Dieses alte niederdeutsche Sprichwort steht an einem Haus am Marktplatz in Husum. Theodor Storm (→ *Tedsche Wind*) war davon tief beeindruckt und verarbeitete es in seiner Novelle „Aquis submersus" (Im Wasser versunken).

Giezhals (Geizhals), auch Giezknüppel Kaum eine menschliche Eigenschaft ist in volkstümlichen Sprüchen, aber auch in der Literatur, so häufig, mal bissig-ironisierend, dann wieder humorvoll, aufs Korn genommen worden wie der Geiz. „L'Avare" (Der Geizige) von Molière, ein Stück Weltliteratur, ist hierfür ein beredtes Zeugnis. Die friesischsprachige Komödie „Di Gidtshals" (Der Geizhals), geschrieben von dem Sylter Seemann Jap Peter Hansen, erschien 1809 als erstes Buch in friesischer Sprache. Die Komödie bezeichnet zugleich den Beginn und einen Höhepunkt der friesischsprachigen Literatur (siehe auch → *Petritag*). Im Plattdeutschen bietet sich eine Reihe anschaulicher Redensarten an, so wie „He kann dat Halslock ni vull kriegen" (Er kann den Hals nicht vollkriegen) oder „He lickt de Fleeg noch af, de in de → *Melk* fullen is" (Er leckt noch die Fliege ab, die in die Milch gefallen ist). Synonyme für geizig (gierig) sind raffig, rachgierig, nerig, sünig, kniepig. Siehe auch → *Kniep, kniepen* und → *Rachuller, rachullen*.

Gillmeisen Darunter versteht man keine Vogelart, sondern die an der Heider Dr. Gillmeister-Schule im Westküstenklinikum ausgebildeten Medizinisch-Technischen Assistentinnen (MTAs). Für die Oberprimaner des nahe gelegenen Gymnasiums – heute Werner-Heisenberg-Gymnasium – waren sie häufig die erste Begegnung mit dem anderen Geschlecht.

gnatschig „Gnatschig sein" bezeichnet einen Gemütszustand, der vor allem bei Kleinkindern in Schleswig-Holstein nicht ungewöhnlich ist und „übellaunig, quengelig sein" bedeutet.

Hierzu finden wir viele Synonyme wie brummelig, gnadderig, gnegelig, quarkig u. a.
Einen so gelaunten Menschen nennt man auch einen „Gnadderbüdel".

gnegeln, vergnegelt Ein plattdeutsches Sprichwort lautet: „Ahn → *Leev* vergnegelt dat Hart." Das heißt im Hochdeutschen: „Ohne Liebe verkümmert das Herz." Oftmals werden das Verb „gnegeln" und das Adjektiv „gnegelig" sowohl hochdeutsch als auch plattdeutsch gebraucht, wenn man ausdrücken will, dass jemand zu viel nörgelt und zu mürrisch ist.

gniedeln „Mudder gniedelt op dat Waschbrett rüm" (Mutter wäscht und schrubbt). Das sagt man noch heute in vielen Teilen unseres Landes. Die Wörter mit dem Anlaut „gn-" sind beinahe alle lautmalend. Sie bezeichnen vornehmlich Geräusche, Stimmungen, Verhaltensweisen.

Gnusch, gnuschig „Mann, wat is dat Fleesch man eenmol gnuschig" (Mann, was ist das Fleisch aber mal wieder zäh), sagte Opa am Essenstisch und legte sein Gebiss vorsichtshalber neben den Teller. Er fand, das Fleisch sei zu sehnig, zu knorpelig, höchstens was für Bello, den Hund. Begegneten ihm im Ort Menschen, die er nicht mochte, die er für minderwertig hielt, sagte er: „Dat is allens Husch un Gnusch." Im Hochdeutschen finden wir hierfür häufig auch die Bezeichnung „Krethi und

Plethi". So hießen die Mitglieder der Leibwache des Königs David im Alten Testament, die als Söldner abfällig betrachtet wurden.

Gode Nacht „Gode Nacht, Marie, dat Geld liggt op de Finsterbank!" Dieses geflügelte Wort ist auch im Hochdeutschen geläufig. Der Ausspruch „Gute Nacht, Marie" oder „Na denn – gute Nacht, Marie" steht für das Eintreten einer Katastrophe. „Das Geld liegt auf der Fensterbank" ironisiert die ganze katastrophale Situation und versucht, mit einem Scherz gegenzusteuern – im Sinne von: „Viel unsicherer kann man Geld nicht deponieren."

gölj, rüüdj, ween So bezeichnet man auf Festlandfriesisch die Farben der nordfriesischen Fahne: Gold, Rot, Blau. Auf Föhr sagt man „gul, ruad, blä", auf Sylt „gul, ruar, blö".

Göös „De Göös na Wiehnachten, de Appeln na Fastelabend un de Deerns na dörtig hebbt je mehr Smack verloren" (Die Gänse nach Weihnachten, die Äpfel nach Fastnacht und die Mädchen über dreißig haben ihren Geschmack verloren). Soll heißen: „Der Lack ist ab." Wie unrecht hatte doch Großvater mit diesem Satz, zumindest, was die Frauen über dreißig angeht. Er sagte dies zwar mit einer gehörigen Portion Schalk in den Augen, aber zu seiner Zeit waren die „Deerns" über dreißig für ihn offenbar nicht mehr frisch und knusprig genug. Er hätte die → *Klüsen* (Augen)

nicht mehr zubekommen, wenn er die Gele-
genheit gehabt hätte, sich unter den heutigen
Frauen umzusehen. Schade!

Grabbel, grabbeln Wenn Menschen verzweifelt
nach etwas suchen, das sie nicht mehr finden
können, sagen sie: „Tut mir leid, das ist mir in
die Grabbel gekommen." Mit „grabbeln"
meint man landein, landauf „suchen, tasten,
wühlen, nach etwas greifen" (engl. to grabble).
Wenn sich jemand einer unverständlichen
Sprache bedient, wird auch schon mal spöt-
tisch gesagt: „Dat is Grabbellatiensch" (Das ist
Grabbellatein). Für das Klavier fand Volkes
Mund den Ausdruck „Grabbelkommod". Gott-
lob kennen die meisten Pianisten kein Plattdeutsch, sonst würden sie sich womöglich
lieber am Grabbeltisch (Wühltisch) als am
Piano austoben.

Grabbelvitz Damit meint man in Bremerhaven
einen Zöllner, dessen Aufgabe es ist, Reisende
und ihr Gepäck zu untersuchen. Bei der legendären Fernsehsendung „Heiteres Beruferaten"
mit Robert Lemke hätte man eine eindeutige
→ *Grabbel*-Bewegung gemacht, wenn der
Beruf eines Zöllners hätte erraten werden sollen. Dieser Begriff ist offenbar nach Schleswig-Holstein importiert worden.

Grasmieger Das waren nach der Erinnerung einer
Professorin aus Fulda kleine Mädchen in Kiel,
die sich, wenn sie mal „mussten", einfach ins

hohe Gras setzten, das bei diesem Vorgang die Blöße bedeckte. „Miegen" stand und steht im Volksmund für „pieschen, pullern" und das Nomen „Mieg" für → *Ameise.*

grienen Dieses Verb finden wir sowohl im Hochdeutschen als auch im Plattdeutschen. Wir meinen damit, dass jemand verstohlen, schelmisch oder verschmitzt lächelt, auch schmunzelt. Ursprünglich hieß es „den Mund verziehen, sodass die Zähne sichtbar werden" – bei Tieren (Hunden, Pferden) Anzeichen dafür, dass sie beißen wollen. Man soll sich vor ewig lächelnden Personen in Acht nehmen, warnt der folgende plattdeutsche Spruch: „Griensche Peer biet" (Grinsende, lächelnde Pferde beißen). Eine stets lächelnde Frau nennt man auch eine „Griensch".

Groth, Klaus Da sich viele plattdeutsche Ausdrücke und Redewendungen in dem Hauptwerk („Quickborn") des zusammen mit dem Mecklenburger Fritz Reuter bekanntesten niederdeutschen Dichters wiederfinden, seien an dieser Stelle einige Anmerkungen und Hinweise angebracht. Klaus Groth wurde am 24. April 1819 in Heide geboren und ist durch seine Gedichtsammlung „Quickborn" (Lebensquell) berühmt geworden. Wer kennt nicht „Matten Has" (→ *kandidel*), „Ol Büsen (Büsum)" oder „Min Jehann". Viele seiner Gedichte sind von Johannes Brahms, dessen Onkel und später der Großvater gleich neben-

an in „Lüttenheid" gewohnt haben, vertont
worden. Groth- und Brahmshaus stehen in
Heide wenige Meter voneinander entfernt.
Klaus Groth ist am 1. Juni 1899, hoch-
geehrt, in Kiel gestorben, wo ein Denkmal am
Ende des Lorentzendamms an ihn erinnert.
Auch viele Straßen und Schulen sind in
Schleswig-Holstein nach ihm benannt.

grove Säck Wenn man einem groben, rücksichts-
losen Menschen gegenübertritt, sagt man häufig: „Grove Säck mutt een nich mit Sied
neihen" (Grobe Säcke muss man nicht mit
Seide nähen) und meint damit: Auf einen groben Klotz gehört ein grober Keil.

Growian Das ist natürlich kein grober Kerl oder
Grobian. Hinter diesem Wort versteckt sich die
Abkürzung für „Große Windkraftanlage". Man
bezeichnet damit eine Anlage, die 1983 im Kai-
ser-Wilhelm-Koog in Dithmarschen für For-
schungszwecke mit einer Leistung von drei
Megawatt errichtet worden ist. Sie ist fünf Jahre
später wieder abgerissen worden. Das ehrgei-
zige Ziel der damaligen Landesregierung,
25 Prozent des benötigten Stroms bis zum
Jahre 2010 durch Windkraftanlagen zu gewinnen, ist zwar nicht erreicht worden, aber der
Weg dorthin wird weiterhin zielstrebig verfolgt,
angetrieben von der derzeitigen Diskussion um
die Abschaffung der Kernkraftwerke.

Haarbüdel „He hett een Haarbüdel" (Er hat einen Haarbeutel), manchmal auch „Hoorbüdel": Damit wird jemand bezeichnet, der einen über den Durst getrunken hat, „verkatert" ist. Um den Ursprung ranken sich manch derbe Erklärungsversuche. Wenn in früheren Zeiten Männer sich nach einem Zechgelage öffentlich erleichterten, entblößten sie dabei auch ihr Geschlecht. Dann hieß es auch schon mal: „Kiek mol (schau mal), he hett en Hoorbüdel."

Habicht Wer sich in Schleswig-Holstein mit Naturschützern unterhält, ist immer wieder erstaunt und fasziniert zugleich über die Fülle von Namen und Bezeichnungen in Fauna und Flora. Stellvertretend hierfür steht dieses Beispiel aus der Ornithologie. Allein für den Habicht finden sich etwa 30 Namen, die meisten sind dem Plattdeutschen entnommen wie: Groot Hav, Stööthaav, Griep, Haaf, Duvenhaaf, Duvenklemmer, Höhnerdeef, Höhnersack. Sie stammen aus unterschiedlichen Regionen unseres Landes und bezeichnen u. a. Verhaltensweisen des Habichts (stöten = stoßen, griepen = greifen, Duven = Tauben, Höhner = Hühner).

Hacke (einen an der Hacke, Ferse haben) Wenn jemand einem anderen zuruft, er habe „einen an der Hacke", so meint er, dass der andere ein bisschen verrückt, plemplem sei. Hat er allerdings „ordentlich was an der Hacke", dann ist er sehr vermögend. Das eine schließt das andere bekanntlich nicht aus.

Half backt „De dore is half backt." Der Spruch bedeutet wörtlich: „Der oder das ist halb gebacken" und im übertragenen Sinne „nicht ganz beisammen" oder „nicht ganz dicht".

Halligen sind kleine Inseln aus Marschland im Nordfriesischen Wattenmeer, die, wenn überhaupt, mit niedrigen → *Deichen* versehen sind. Bei schweren Sturmfluten wird das Halligland deshalb überflutet (→ *Land unter*). Der Name ist vielleicht von „hol" oder „hal" abgeleitet und bedeutet „niedriges Land". Acht der zehn heute noch vorhandenen Eilande entstanden nach der großen Sturmflut 1362, zwei sind mittlerweile stark veränderte Reste der 1634 zerstörten Insel Alt-Nordstrand.

Halsloch „Du hast wohl was ins falsche Halsloch bekommen." Diesen Spruch hört man häufig, wenn sich jemand beim Essen oder Trinken verschluckt hat. Er kann aber auch bedeuten, dass man etwas falsch verstanden, nicht richtig zugehört habe.

Einsam im weiten Wattenmeer liegt die Hallig Süderoog.
Im Sommer wohnt hier nur eine Schäferfamilie. Im Bild oben
der Süderoogsand

Halunder Das ist die aus dem Urfriesischen stammende Sprache der alten Helgoländer. Zusammen mit den Sprachen von Föhr, Amrum und Sylt bildet das Halunder den inselfriesischen Zweig des Nordfriesischen. Es wird heute nur noch von ca. 150 Helgoländern, gut zehn Prozent der Bevölkerung, gesprochen und ist auf Helgoland als Amtssprache zugelassen. Wer als Tourist, vom Anleger kommend, zum Oberland will, muss zunächst den „Lung Wai" (Langen Weg) entlanggehen, bis er dann entweder mit dem Fahrstuhl oder aber über die 189 Stufen zu Fuß nach „boppen" (oben) kommt. Hinunter muss er natürlich auch irgendwann wieder – dann geht es „bedeelen". „Van Boppen en Bedeelen" heißt ein helgoländisches Lesebuch.

Harden waren Gerichts- und Verwaltungsbezirke im dänischen Reich und im Herzogtum Schleswig, zum Beispiel die Wiedingharde oder die Bökingharde, die beide heute zum Kreis Nordfriesland gehören.

Heetwecken oder Hedewieken (Heißwecken) Das sind runde, etwa zwölf Zentimeter große Hefekuchen aus Weizenmehl, Butter, Zucker, Korinthen, Rosinen und Gewürzen, auf Platten gebacken. Sie waren und sind auch heute noch ein typisches Angeliter Gebäck, das zum Nachmittagskaffee warm gegessen wurde und wird. Ursprünglich eine Fastenspeise, die zu Fastnacht gebacken wurde. Später wurden

Heetwecken von November bis März gegessen. Noch Anfang des 20. Jahrhunderts wurden sie in Körben von Haus zu Haus getragen
und zum Verkauf angeboten, übrigens auch in
den Landesteilen Dithmarschen, Nordfriesland
und Rendsburg-Eckernförde. Siehe → *Bäcker*.

hibbelig „Man, wat hibbelst du bloots rum!", ruft
man einem unruhig und ziellos umherlaufen-
den Menschen zu. Er möge nicht so „hibbelig"
sein. Manchmal wird dieses Adjektiv auch
durch „hiddelig" → *figgerig* oder „jiddelig" ersetzt. Besonders anschaulich ist dieser Spruch:
„He is jiddelig as en Kalf an't Jüller" (Er ist
aufgeregt wie ein Kalb am Euter).

Hochbeeniget Wedder „Wat för en hochbeeniget
Wedder hüüt!" (wörtlich: Was für ein hochbei-
niges Wetter heute!) Das sagt der Schleswig-
Holsteiner, wenn die Sonne scheint und man
viel Bein zeigen kann.

**Hochdeutsche Redensarten, die auch in
Schleswig-Holstein geläufig sind**
Ich bin pappsatt.
Das Wasser ist piewarm.
Es zieht wie Hechtsuppe.
Das ist eine Schreckschraube.
Du bist hinterm Mond.
Da schlackerst du aber mit den Ohren.
Du hast sie ja nicht mehr alle.
Du hast nicht alle Tassen im Schrank.
Du hast einen an der Waffel.

Du hast keinen blauen Dunst.
Du hast keinen blassen Schimmer.
Du hast von Tuten und Blasen keine Ahnung.
Das geht dich einen feuchten Kehricht an.
Nun mach' aber mal halblang.

Die meisten dieser Redensarten haben
einen abwertenden, abschätzigen Charakter
und können durchaus als Schimpfwörter
aufgefasst werden.

hökern, Höker Es soll Menschen geben, die von
einer ungeheuren Sammelleidenschaft angetrieben werden. Das sagt man übrigens auch
der ehemaligen „Landesmutter" Heide Simonis nach, die kaum einen Trödelmarkt auslas-
sen soll. Gegenstände, zumeist Erinnerungs-
stücke, werden, weil man sich von ihnen nicht
trennen mag, bis unters Dach gehortet. „Was
hökerst du bloß mit all dem Krimskrams
rum", muss sich so einer bisweilen von guten
Freunden und Nachbarn vorhalten lassen. Mit
„hökern", einem Verb aus dem Plattdeutschen,
meint man aufbewahren, verwahren, aber auch
handeln und verkaufen. „Höker" nannte man
früher den Kaufmann an der Ecke, einen Ge-
mischtwarenhändler. Noch viel früher war es
der Hausierer, der seine Waren huckepack in
einer Hucke (Bündel) auf dem Rücken trug.
Daher der „Höker". Ausdrücke wie „Plummhöker" (Pflaumenhöker) für jeden Kleinkrämer
oder „Pennhöker" (Pfennigfuchser) für einen
→ *Giezhals* sind auch heute noch geläufig.

Hol di fuchtig! Das ist ein Abschiedsgruß mit dem Wunsch „Bleib' gesund, halt dich frisch", in Dithmarschen gerne auch „Hol di!".

Hölle in Hemmingstedt Gemeint ist die Erdölraffinerie DEA in Hemmingstedt bei Heide. Auf einer Weide des Bauern Wisch ist dort 1853 beim Graben Erdöl gefunden worden. Das Feuer, das beim Abfackeln weit und breit zu sehen war, nannte der Volksmund „Hölle".

Hölle Nord Keine Angst, Schleswig-Holstein ist alles andere als ein finsteres Land, auch wenn nun wiederholt von der Hölle die Rede ist (→ *Hölle in Hemmingstedt*). Hinter „Hölle Nord" verbirgt sich ein Fanclub des Handballvereins SG Flensburg-Handewitt. Es gibt noch zwei andere Fanclubs, „Die Wikinger" und „Nordlichter", die sich u. a. zur Aufgabe gemacht haben, die zahlreichen dänischen Zuschauer zu integrieren. „Höllischer", ohrenbetäubender Lärm versetzt die Campushalle, seit 2001 Spielstätte dieses traditionsreichen Handballvereins, in einen wahren Hexenkessel, wenn Heimspiele angesagt sind. 6500 Fans, davon 1500 auf der größten Stehtribüne der Bundesliga, sind aus dem Häuschen, wenn die namhaften Gäste aus Kiel, Lemgo, Göppingen, vor allem aber aus Madrid und Barcelona, zu Gast sind.

Hoppetuz oder auch „Hoppetuutsen" nennt man in Angeln und auf den Nordfriesischen Inseln die Frösche und Kröten. Bei starkem Regen heißt es auch schon mal: „Da regnet es Hoppetuutsen." In den übrigen Teilen unseres Landes hüpft selbstverständlich noch der „Pogg" durch das Gras.

Hualewjonken (Halbdunkel) nannten sich auf den Nordfriesischen Inseln, insbesondere auf Föhr, Bünde von jungen Männern, die sich an dunklen Winterabenden nach bestimmten Regeln auf Brautschau begaben. In manchen Dörfern gibt es sie in anderer Form auch heute noch.

Hungerhaken Dies ist eine Bezeichnung für einen sehr dünnen Menschen. Ein inhaltlicher Zusammenhang könnte mit dem Begriff „Hungerharke" zu sehen sein. Damit ist eine große, schwere Harke gemeint, mit der früher die hungernden Armen die beim Garbenbinden liegen gebliebenen Halme zusammenharken durften.

Hungerwagen Es handelt sich hierbei um ein mit Heu oder Stroh beladenes landwirtschaftliches Fahrzeug mit der letzten, kümmerlichen Futterladung kurz vor der Ausstallung des Viehbestandes.

Hüün un Perdüün Wenn die Nachbarsleute früher den lieben, langen Tag beim Tratschen zusammenhockten, dann sprachen sie von „Hüün un Perdüün", von Gott und der Welt, von

Hans und Franz, von Hinz und Kunz. Es waren Nichtigkeiten und Belanglosigkeiten, die möglichst schnell verschwinden sollten. Eine eindeutige Erklärung gibt es für dieses Begriffspaar nicht. „Hüün" könnte aus dem französischen „hune" (Mastkorb) und „per-düün" ebenfalls aus dem französischen „perdu" (verloren) abgeleitet worden sein.

Jan von't Moor Dieser Ausdruck stammt von unserem Extraplatt-Autor Günther Petersen in Bad Nauheim. Er bezeichnet damit einen ungelenken, einfältigen Menschen. Damit hat man früher Torfgräber gemeint.

Jööl, Jul, Jül So bezeichnet man auf Friesisch nach nordischem Vorbild Weihnachten. Dann werden auf Sylt der Jöölboom (Weihnachtsbaum) und auf Föhr der Julböög (Weihnachtsbogen) aufgestellt. Auf den Inseln waren Tannenbäume rar. So entwickelte man ein etwa 50 Zentimeter hohes Holzgestell, an das man das „Kenkentjüch" hängte, das traditionelle friesische Weihnachtsgebäck (wörtlich „Kinderzeug", gemeint ist das Christkind). Eine strenge Regel gibt es nicht, doch sieht man zumeist Adam und Eva, ein Pferd, einen Hund und einen Hahn. Geschmückt wird der Weihnachtsbogen mit Immergrün, Dörrobst und Äpfeln. In den letzten Jahren verbreitete sich der friesische Weihnachtsbaum auch auf dem Festland.

Kakabellenbier Als einst im späten Mittelalter
(1503) der päpstliche Abgesandte Raimundus
auf der Reise in den Norden durch Eckernförde kam, wurde er aufgrund der Reisestrapa-
zen von fürchterlichem Magendrücken und
Verstopfung geplagt. Ihm wurde das in
Eckernförde gebraute Bier gereicht – und
siehe da: Er fand Erleichterung und rief be-
geistert aus: „caca bella" – die Geburtsstunde
des Kakabellenbiers, das es noch heute gibt.
Das ist die kolportierte Erzählung anlässlich
der 700-Jahrfeier der Stadt Eckernförde. Richtig ist, dass das sogenannte Kakabellenbier bereits im Jahre 1471 anhand einer Rechnung an
die Stadt Schleswig nachzuweisen ist.

kandidel (auch canditel), überkandidelt In dem
Gedicht von *Klaus* → *Groth* „Matten Has"
über den kleinen Hasen Matten heißt es u. a.:

„De Krei, de spelt Fitel,
denn geiht dat canditel,
denn geiht dat mal schön
op de achtersten Been."

(Die Krähe spielt Geige,
dann geht das ganz lustig,
dann geht das ganz schön
auf den hintersten Beinen.)

„Kandidel" bedeutet „vergnügt, lustig, munter,
gut aufgelegt" und geht offenbar zurück auf
das lateinische „candidus" (heiter) und das

schallnachahmende „Dideldei", das eine frohe Stimmung ausdrückt. Einen überkandidelten Menschen nennt man jemanden, der aufgedreht und übertrieben lustig ist.

Karjool Für die unterschiedlichen Transportzwecke gab es früher auch entsprechende Fahrzeuge, so zum Beispiel die zweirädrige Kutsche, die nahezu auf jedem Hof als Fahrzeug für Besuche aller Art vorhanden war. Man nannte sie „Karjool" nach dem französischen „carriole" (Karren). Die Ausdrücke „karjolen", „rumkarjolen", aber auch „karjuckeln" haben sich bis in die Gegenwart als Bezeichnung für rasches Fahren erhalten („Wat karjoolt he dor lank!", was rast er da entlang!). Dann gab es noch den Messwagen (Mistwagen), den Ledderwagen (Leiterwagen) für das Heu- und Korneinfahren und den Liekenwagen (Leichenwagen).

Katteker Dies ist keine Katze, wie man auf den ersten Blick meinen könnte, denn „Katt" ist die plattdeutsche Bezeichnung für Katze; für eine kleine Katze sagte man auch schon mal: „Dat is en Kattekerfisch." Doch vor unserem geistigen Auge sehen wir natürlich das wieselflinke Eichhörnchen mit dem rotbuschigen, manchmal auch dunkleren Steert (Schwanz), das kattenfideel (katzenfidel) auf den Zweigen der Bäume umherspringt. Viele Redensarten ranken sich um den Katteker wie diese: „He röögt dat Muul as de Katteker den Steert" (Er bewegt das Maul wie das Eichhörnchen den Schwanz = er hat ein flinkes Mundwerk).

Kattunrieter (Kattunreißer) war der Spottname für einen Verkäufer im Manufakturwarengeschäft, später wurde er übertragen auf andere Kaufleute. Kattun ist ein mit Mustern bedrucktes, leichtes Baumwollzeug. Hatte sich der Lehrling beim Ausmessen des Stoffes vertan, bekam er ordentlich „Kattun" (er wurde ausgeschimpft).

Kenkner, Hulken Im Westen der Insel Föhr gehen zum Jahresende die Kenkner, auf Amrum die Hulken um. Maskierte und kostümierte Gruppen von Erwachsenen suchen Nachbarn und Bekannte auf und nehmen mit gedichteten

„Hulken" heißen auf Amrum die vermummten Gestalten, die am 31. Dezember von Haus zu Haus ziehen, um „Seegent Neijuar" (Gesegnetes Neujahr) zu wünschen.

Versen Personen und Ereignisse aufs Korn. Nach der Enttarnung geht man dann zur

Neujahrsfeier über. In Sylt-Ost ist noch der verwandte Brauch des Maskenlaufens lebendig.

Kenn „Mensch Deern, du wasst mi ganz ut de Kenn" (wörtlich: Mensch Mädchen, du wächst mir ganz aus der Kenntnis). Mit dieser Redensart, die besonders in Angeln verbreitet war, wurden früher Kinder von ihren Onkeln und Tanten begrüßt, wenn sie sich über längere Zeit nicht gesehen hatten. Das hieß: „Wie hast du dich verändert."

Kieler Erklärung Immer wieder auftretende Auseinandersetzungen im deutsch-dänischen Grenzgebiet haben den schleswig-holsteinischen Landtag und die Landesregierung bewogen, die sogenannte Kieler Erklärung (26.9.1949) abzugeben. Darin heißt es u. a., dass die dänischen und friesischen Bevölkerungsteile im Landesteil Schleswig sämtliche demokratischen Bürgerrechte ohne jede Einschränkung und Diskriminierung nutzen dürfen. Trotz dieser Erklärung hat es immer wieder Schikanen im Landesteil Schleswig gegeben, sodass es im Jahre 1955 zu den Bonn-Kopenhagener Erklärungen kam, die die Prinzipien der Kieler Erklärung bekräftigten.

Kieler Sprotten „In Eckernför dor hebbt se't rut, ut Sülver Gold to maken" (In Eckernförde haben sie es heraus, aus Silber Gold zu machen). Diese plattdeutsche Wortschöpfung hat stadtprägenden Charakter und beschreibt die hohe

Spezialität von der Waterkant: die Kieler Sprotten

Kunst des Räucherns, die im Eckernförde des
19. und 20. Jahrhunderts verbreitet war und
neben ständigem Rauch und Fischdunst auch
Wohlstand gebracht hat. Es gab bis zu 30 Räu-
chereien. Als silberne Fische kamen die Sprotten (zoolog. Clupea sprattus) in die Räucher-
öfen, und als goldene kamen sie heraus.
Bekanntlich kommen ja auch die berühmten
Kieler Sprotten aus Eckernförde – sie haben
bei der Abfertigung auf dem Kieler Bahnhof
lediglich den Versandstempel „Kiel" erhalten.

e Kieler Woche, eines der größten
chen Ereignisse der Welt, ist erst-
re 1882 mit gerade mal 20 Jachten
rt worden. Natürlich ist es heute
rößte Volksfest in unserem Land
verantwortlich vom Kieler Yacht-Club
(KYC) und der Stadt Kiel immer in der letzten
vollständigen Juni-Woche durchgeführt. Über
5000 Segler auf über 1800 Jachten aus fünf
Kontinenten und Hunderttausende Besucher
haben Kiel zum Segel-Mekka gemacht.

Kindheitserinnerung „Als wir noch kein elektri-
sches Licht hatten, wurden abends erst um
Punkt sechs Uhr die Petroleumlampen ange-
macht. So lange saßen wir – meine Groß-
eltern, meine Mutter und ich – ‚in de Schummerie‘ (Dämmerung). Da wurden Lieder ge-
sungen und Geschichten erzählt. Wenn es
dann sechs Uhr schlug, wurde mit einem Fidibus (das ist ein Spanstreifen oder zusammen-
gerolltes Zeitungspapier) vom Feuer im Ofen
Licht angezündet, denn Rietsticken (Streichhölzer) kosteten ja Geld. Zum Abendbrot gab
es oft Bookwetenwelling (Buchweizengrütze)
oder Klottengrütt, das war kalte, fest gewor-
dene Buchweizengrütze mit warmer Milch
(→ *Melk*). Großvater aß gern ‚Smolt un Solt‘
(Schmalz und Salz) auf Schwarzbrot. An wind-
stillen warmen Sommerabenden war die Luft,
vor allem vor einem Gewitter, → *lummerig*.
Und → *labberig* war das Essen, wenn es nicht
richtig gewürzt war.“

Kindskiek Wurde früher ein Kind geboren, kamen die verheirateten Frauen im Hause der Wöchnerin (→ *Basselhuus*) zusammen, um dieses Ereignis gebührend zu feiern. Auch „Kindsfood" oder „Keesfood" waren Bezeichnungen für diese Veranstaltung. Schon im 16. Jahrhundert gab es in Schleswig-Holstein Gesetze, die den Ausschweifungen bei diesen Festen Einhalt gebieten sollten, denn den Frauen wurde nachgesagt, nicht wenig zu trinken, und solange diese Feiern dauerten, würden die Kinder nicht zur Taufe gebracht. Dank der Gleichberechtigung ist Kindskiek heute ein Fest, mit dem Männer und Frauen, Nachbarn und Freunde die Geburt eines Kindes feiern.

Klafferkatt „Klafferkatt, gah to Stadt, koop di gröne Seep" (Klatschmaul, geh' zur Stadt, kauf' dir grüne Seife) oder „Klafferkatt, gah to Stadt, haal di'n → *Putt* vull Fiegen, denn kannst du beter swiegen" (Klatschmaul, geh' zur Stadt, hol' dir'n Pott voll Feigen, dann kannst du besser schweigen). Das waren Spottreime auf petzende Kinder. „Klaffern" ist abgeleitet von „kläffen" und „plappern" und meinte im erweiterten Sinne ein Klatschmaul.

Klein Amsterdam Dort, wo Treene und Eider zusammenfließen, liegt das Städtchen Friedrichstadt mit seinen knapp 2500 Einwohnern. Es wurde 1621 vom damaligen Landesherrn Herzog Friedrich III. von Holstein-Gottorf gegründet und mit holländischen Glaubensflüchtlingen besiedelt, die den Flecken nach holländischem Vorbild mit Straßen und Kanälen im rechten Winkel anlegten. Man gewährte ihnen nicht nur wirtschaftliche Privilegien, sondern auch die Garantie der freien Religionsausübung. Neben den Remonstranten, Lutheranern und Mennoniten durften sich über viele Jahre auch Katholiken, Juden und Quäker niederlassen. Friedrichstadt war als wichtiger Handelsort am Rande der Nordsee geplant, konnte sich aber gegenüber Städten wie zum Beispiel Tönning nicht behaupten. Heute ist dieses „Klein Amsterdam" ein touristischer Anziehungspunkt weit über die Landesgrenze hinaus.

Kliff In vielen Orten unseres Landes gibt es Straßenbezeichnungen wie „Am Kliff". Sie liegen an einer abfallenden Erhöhung. Wenn wir aber von einem Kliff sprechen, meinen wir den Abfall einer Steilküste zum Meer hin. Wir finden Kliffs sowohl an der friesischen als auch an der dänischen Nordseeküste (Sylt, Jütland), vor allem aber an der Ostsee. Sie werden durch Brandungseinwirkung und Erosion gestaltet. Kliffs im Landesinneren, zum Beispiel in Dithmarschen (St. Michaelisdonn), die nicht mehr vom Meer angegriffen werden, heißen „Totes Kliff". Sie können sich durch Pflanzenbewuchs vor dem Abtragen schützen. Die Ostseeküste, die kein vorgelagertes Watt hat, zeigt naturgemäß mehr Kliffbildungen als die Nordsee. Die Abbruchrate ist an einigen Stellen beträchtlich, beträgt jährlich einige Dezimeter und Meter.

Klöben Früher war der Klöben ein Festgebäck, das zu Ostern, Weihnachten und Pfingsten aufgetischt wurde. Es ist ein bunter → *Stuten* aus feinem Hefeteig, dem Eier, Butter, Zucker, Rosinen und Korinthen, manchmal auch Mandeln zugegeben werden. Genauso wie beim Stollen wird er ausgerollt und umgeklappt, wobei dann ein Spalt entsteht. Dieser Spalt heißt im Plattdeutschen „Klöf", das Verb dazu „klöwen" („dat Holt ward opklöwt", das Holz wird gespalten). Siehe auch → *Bäcker*.

klönen Wenn Menschen gemütlich miteinander plaudern, sich über unwichtige Dinge des täglichen Lebens unterhalten wollen, vielleicht auch ein wenig schwatzen, dann rufen sie einander zu: „Komm rein, lass uns ein bisschen klönen." Im Plattdeutschen heißt es dann: „Laat uns mal tosamen'n beten klönen." Meistens kommen sie gar nicht erst ins Haus und bleiben an der seitlichen oder hinteren Tür, der → *Klöntür*, stehen (häufig auch „Achterdöör"). Jemand, der viel klönt, ist eine Klöntasche oder ein Klönsack. Und das ganze Geschwätz ist am Ende eine unendliche Klönerie.

Klöntür So nennt man die zweigeteilte Tür eines friesischen Hauses. Um Kleintieren den

Zugang zu verwehren, öffnete man häufig nur die obere Hälfte. Auf die untere konnte man sich dann bequem aufstützen und mit Nachbarn → *klönen*, wie „schwatzen" auf Niederdeutsch und auch auf Friesisch heißt.

Klootstockspringen Mit einer drei bis vier Meter langen Holzstange sprangen die Marschbauern früher über die Gräben. Diese Bewegungsart war notwendig, weil es kaum ausgebaute Straßen und Wege gab. Heute wird das Klootstockspringen als Sport betrieben. Wer die Technik nicht beherrscht oder sich nicht an der Holzstange festhalten kann, dem passiert es schon mal, dass er ins Wasser fällt. Der Springstock hat am Ende einen halbrunden Holzklotz (Kloot), um das Einsinken des Stockes im nassen Boden zu verhindern.

Klüsen Klüsen sind ursprünglich verstärkte Löcher in der Bordwand eines Schiffes, durch die die Taue zum Festmachen oder die Ankerkette (Ankerklüse) läuft. Im Plattdeutschen werden die Augen wegen ihrer Form auch als „Klüsen" bezeichnet, so auch in der norddeutschen Umgangssprache: „Mach doch deine Klüsen mal auf!", sagt man zu einem etwas schläfrigen Menschen.

Eine Klöntür erfüllt viele Aufgaben: Sie bringt Licht ins Haus, verwehrt den Kleintieren die Flucht ins Freie und dient als Börse für Informationen.

Knick Junge Liebespaare auf dem Lande trafen sich früher häufig hinter Knicks, wenn sie unbeobachtet sein wollten. Nun, dieser Schutz vor neugierigen Blicken war sicherlich ein willkommener Nebeneffekt. Ursächlich waren Knicks aber als lebende Zäune (Hecken) gedacht, die zum einen die Acker- und Wiesenflächen der einzelnen Eigentümer gegeneinander abgrenzen, sie aber zum anderen auch gleichzeitig gegen Winderosion schützen sollten. In bestimmten zeitlichen Abständen werden sie beschnitten („geknickt") oder, wie man auch sagt, „auf den Stock gesetzt". Zeitweilig hat man sie in der Landwirtschaft als störendes Element angesehen. Erst seit 1970 hat sich die Erkenntnis durchgesetzt, dass Knicks nicht nur bedeutende Kulturdenkmäler sind, sondern vor allem auch Biotope für eine Fülle von Tier- und Pflanzenarten, die es zu schützen gilt. Siehe auch → *Redder*.

Kniep, kniepen „Nu sitt he aver bös in de Kniep", sagt man von einem, der „in der Klemme sitzt", dem es schlecht geht, der sich in Verlegenheit oder in einer schwierigen Lage befindet. Knieper sind Zeug- und Wäscheklammern, auf Helgoland heißen so auch die Taschenkrebse (→ *Knieper*). Wer sich in ihren Fängen befindet, leidet Not, „is in'e Kniep". Wir kennen im Hochdeutschen das Verb „kneifen" für „kniepen". Ist jemand kniepig, ist er übertrieben sparsam, geizig. Fragt man jemanden nach seiner pekuniären Lage, hört man schon mal stoßseufzend: „Dat knippt bannig" (Das kneift ordentlich, es wird eng). Das sagt man auch, wenn man in zeitliche Bedrängnis gerät.

Knieper nennt man auf Helgoland die Scheren des Taschenkrebses. Sie werden als Spezialität verzehrt und haben den hier kaum noch vorkommenden Hummer abgelöst. Zur Mahlzeit wird ein eigenes Knieperbesteck gereicht. Siehe auch → *Kniep, kniepen*

Knüffeln (von karnüffeln = sich prügeln, mit Fäusten schlagen) ist ein altes friesisches Kartenspiel. Die „niedrigen" Karten bilden die Trümpfe, womit zum Beispiel für Skatspieler die Welt auf den Kopf gestellt wird. Es ist ein ausgesprochenes „Schnackspiel".

knutschen (plattdt. knuutschen) Ein jeder weiß, was gemeint ist, wenn zwei verliebte junge Leute miteinander „knutschen". Sie küssen, liebkosen sich, drücken, pressen sich zärtlich, manchmal auch derb, aneinander. Im Mittelhochdeutschen finden wir hierfür das Wort „knutzen", im Althochdeutschen „chnussan" (stoßen).

Knuust (hochdeutsch Knust) Mit „Knuust" verbinden wir im Allgemeinen den Brotknust, den letzten harten, kantigen Teil des Brotes. Dieser Name geht auf das mittelniederdeutsche „knust" (knotiger Auswuchs) zurück. Er bezeichnet auch eine Erhöhung oder Bodenerhebung, so in der sprachlichen Wendung: „Wi fohrt na den Knuust" (Wir fahren nach Helgoland).

Kodder Die west- und ostpreußische Mundart ist leider nur noch rudimentär in unserem Sprachgebrauch erhalten geblieben. Dennoch werden sich viele Schleswig-Holsteiner daran erinnern, dass Mutter ihnen den „Schnodder" (plattdt. Snatt, Snott, Snodder) nicht mit dem „Kodder" (Wischlappen), sondern mit dem Taschentuch abgewischt hat, auch, dass sie als Kinder im „Modder" spielten und einen „Lodder" für einen unzuverlässigen Menschen hielten. Siegfried Lenz und Arno Surminski („Die masurische Eisenbahnreise und andere heitere Geschichten", Ellert & Richter Verlag 2009) haben dem Ostpreußischen u. a. in ihren masurischen Geschichten ein Denkmal gesetzt.

kommodig Es gibt zwei Bedeutungen für dieses Wort: „Mensch, is dat hier kommodig!" (Mensch, ist das hier gemütlich!), oder: „He is villicht kommodig" (Der ist aber bequem, hat keine Lust).

Königin der Hanse (Lübeck) Mit diesem Namen ehrte man die heutige kreisfreie Stadt Lübeck, benannt nach dem altslawischen Liubice (Lubeke). Lübeck war zur Zeit der Hanse, einem Zusammenschluss von etwa 300 Städten zum Schutz gegen Räuberei, aber vor allem zum Ausbau der Handelsbeziehungen im gesam-

ten Ostseeraum, das Zentrum dieser losen
Vereinigung von 1250 bis etwa 1700 n. Chr.
Die Handelssprache war damals übrigens
Plattdeutsch, sodass häufig, mehr anekdotisch,
gesagt wird, Plattdeutsch sei eine Weltsprache
gewesen. Von dieser Glanzzeit erzählen u. a.
noch das Holstentor, der Dom und die vier
mittelalterlichen Pfarrkirchen St. Marien,
St. Petri, St. Aegidien und St. Jakobi. Lübeck
ist mit etwa 210 000 Einwohnern die zweit-
größte Stadt Schleswig-Holsteins nach Kiel.

Königspesel Den Königspesel auf der Hanswarft
(→ *Warft*) der Hallig Hooge ließ 1776 der Kapi-
tän Tade Hans Bandiks erbauen. Nach der

Der Königspesel auf der Hanswarft von Hallig Hooge

Sturmflut vom 3. bis zum 4. Februar 1825
besuchte der dänische König Friedrich VI. das
Katastrophengebiet. Er schlief im Hause Bandiks im dortigen → *Pesel*. Seither heißen Haus
und Stube „Königspesel".

Koog Ein Koog ist aus dem Meer gewonnenes, eingedeichtes Land; allein in Nordfriesland gibt
es mehr als 170 Köge. Ihr Marschland ist größ-
tenteils sehr fruchtbar. Siehe auch → *Polder.*

Köökschengriepen Diesen Ausdruck kennt man
besonders an der Westküste Schleswig-Holsteins. Auf dem Lande hatten die Küchenhil-
fen (Köökschen) in der Regel Mittwochabend
freien Ausgang. Sie gingen aus Mangel an anderen Vergnügungen ins Wirtshaus zum Tanzen. Dort wurden sie bereits von den jungen
Herren des Dorfes erwartet. Jeder spähte sich
seine Favoritin aus, das „Köökschengriepen",
eine respektlose, unfeine, etwas andere
Sportart, begann. Wer zuerst kam, griff zu
(griepen) und tanzte oder verschwand mit
seiner Angebeteten. Prügeleien waren dabei
durchaus an der Tagesordnung.

Kösters Kamp „Denn lieg ik al lang op Kösters
Kamp" (Dann liege ich schon auf Kösters
Kamp), sagte Frau Friedrichsen aus Hattstedt,
als ihr Bekannter Pläne für gemeinsame Un-
ternehmungen in der Zukunft machen wollte.
Zur Klärung: „Kösters Kamp" ist der Friedhof,
das Feld des Küsters.

Krabben oder Kraut, Kräut, Porren: So nennen die
Schleswig-Holsteiner an der Westküste die
Garnelen. Gemeint sind die Krabben (zoolog.
Crangon vulgaris). „Porren" (Purren) heißen
sie zum Beispiel auf Eiderstedt, „Granat" in

Ostfriesland. Man kennt die Krabben in Dithmarschen seit 1755. Bei *Klaus → Groth*, dem großen niederdeutschen Dichter, finden wir „de Krautfru", die die Krabben auspulen musste. Dazu gehörten flinke Finger und eine große Portion Ausdauer. Leider brachte diese Pularbeit nur wenig ein, was der folgende Spruch unterstreicht: „Dat is Puularbeit, dor krieg ik mien Pries ni bi ruut', sä de Döscher, dor eet he de Kraut" („Das ist Pularbeit, da

Weil Krabben schnell verderben, erfolgt nach dem Fang eine umgehende Weiterverarbeitung an Land. Direkt vom Kutter gekauft und frisch gepult sind sie am schmackhaftesten.

krieg ich meinen Preis nicht bei raus", sagte der Krabbenpuler und aß die Krabben selber auf). Früher bekam das einfache Volk am Pfingstabend Krabben satt. Heute werden die Krabben in einem aufwendigen Verfahren ins Ausland gebracht, dort geschält und wieder zurück nach Norddeutschland transportiert. Das ist offenbar billiger, als sie bei uns pulen zu lassen.

Kropper Busch „Du büst Kropper Busch noch nich vörbi" (Du bist am Kropper Busch noch nicht vorbei) meint: „Die Gefahr ist noch nicht gebannt. Das Schlimmste könnte noch kommen." Dieser Ausspruch soll ursprünglich aus dem Jahre 1583 von dem Chronisten Adam Tratziger stammen: „Du bist Kroppe noch nicht vorbey." Er bezog sich auf die Schlacht im Jahr 1043, als die einstmals siegreichen Slawen auf der Kropper Heide durch die Soldaten des Dänenkönigs Magnus geschlagen wurden. Der Spruch ist heute an der Außenwand der Gaststätte „Kropper Busch", zwölf Kilometer südlich von Schleswig am alten → *Ochsenweg* an der Bundesstraße 77, zu lesen und wohl auch als eine Aufforderung zu verstehen, einzukehren.

Kuddelmuddel Wo und wann immer Wirrwarr, Unordnung und Durcheinander sichtbar werden, rufen Plattdeutsche und Hochdeutsche wie aus einem Munde: „Wat för'n Kuddelmuddel!" oder „Was für ein Kuddelmuddel!" Beim Tennis werden seit vielen Jahren „Kuddelmuddelturniere" ausgespielt, bei denen sich die Zusammensetzung der Spielpaarungen ständig ändert.

Kurren Die Krabbenfischer in der Nordsee betreiben ihren Fischfang mithilfe von neun Meter

Krabbenkutter mit hochgezogenem Schleppnetz (Kurre)

langen Grundschleppnetzen, auch „Kurren"
genannt. Das Netz läuft unter Grund und hat
vorn eine Öffnung von ca. sieben Meter
Durchmesser. In der Fischersprache heißt es,
wenn das Netz hochgezogen wird, „de Kurr
hieven". „Kurr" ist aber auch ein heute nicht
mehr gebräuchlicher Ausdruck für Mut, Kraft,
Energie.

Kusentrecker „Das sind Kusentrecker." Mit diesen
Worten lehnte eine Frau ihr angebotene Kara-
mellbonbons ab. Sie hatte die Befürchtung,
beim Kauen oder Lutschen Zahnplomben zu
verlieren.
Anmerkung: Ursprünglich ist damit der Zahn-
arzt gemeint, der „den Kusen treckt" (den Backenzahn zieht).

labberig Dieses Wort klingt wie ungetoastetes
Toastbrot oder fades Bier und bedeutet
„schwach, geschmacklos, breiig". Es ist mit
dem Flüchtlingsstrom nach 1945 aus dem Ostpreußischen in unseren Sprachgebrauch übergegangen und somit fester Bestandteil unserer
norddeutschen Sprache geworden.

Labskaus Unter dem Namen „Küstenchappi" ist
auf der Speisekarte eines traditionsbewussten
Restaurants an der schleswig-holsteinischen
Westküste ein Gericht aufgeführt, das aus der
Seeschifffahrt als „Labskaus" (engl. lobscouse)
bekannt ist. Es wurde, lange bevor es die heute
bekannten Konservierungsstoffe gab, aus
durchgedrehtem und dann aufgekochtem Pö-
kelfleisch zusammen mit gestampften Kartoffeln zubereitet. Bisweilen wurden gehackte
Salzheringe und Zwiebeln dazugegeben.
Heute wird Labskaus in der Regel mit Roll-
mops, Gewürzgurke, Roter Bete und einem
Spiegelei auf den Tisch gebracht.

Lameng Häufig stoßen wir im Gespräch mit anderen Menschen auf Redewendungen wie: „Das
habe ich aus der Lameng getan." Damit meinen sie, dass sie zum Beispiel eine Arbeit mit
leichter Hand, sozusagen mit links, aus dem
Stand und ohne viel Aufwand erledigt haben.
Diesem aus dem Französischen abgeleiteten
und eingedeutschten Begriff haftet der Charakter des Leichten, Ungelenkten und Impro-
visierten an. Beim Kartenspielen, zum

Beispiel beim Skat, spielt man auch „aus der Lameng" (la main = die Hand). An diesem Beispiel wird der Einfluss der Hugenotten, die im 17. Jahrhundert wegen ihres Glaubens aus Frankreich nach Preußen vertrieben wurden, auf die norddeutsche Sprache deutlich.

Land unter sagt man auf den → *Halligen* Nordfrieslands, wenn bei einer Sturmflut das ganze Land unter Wasser steht und nur noch die → *Warften* mit den Wohnhäusern herausragen.

Lange Anna Das Wahrzeichen Helgolands ist der 47 Meter hohe frei stehende Felsen aus rotem Buntsandstein im Nordwesten der Insel. Auf Helgoländer Friesisch heißt er „Nathurn Stak" (Nordhorn-Brandungspfeiler). Die „Lange Anna", so der volkstümliche Name dieses Staks, ist vor einigen Jahren mithilfe einer großen Spendenaktion in einem aufwendigen Verfahren vor dem Einsturz geschützt worden.

Helgolands Wahrzeichen: die Lange Anna

Woher der Name „Lange Anna" stammt, ist nicht belegt.

Lee Diesen Ausdruck finden wir an der gesamten Westküste von Dänemark über Nordfriesland, Dithmarschen bis hin nach Ostfriesland. Damit bezeichnet man eine Sense, die, je nachdem was man mit ihr mäht, Gras-, Korn-, Heide- oder → *Dack*-(Schilf-)Lee genannt wird. Auch hierzu gibt es viele Redensarten. Eine besonders schöne aus Dithmarschen heißt so: „De'n Lee köfft na'n Klang un en Fru na'n Gesang, ward meisttiets bedragen" (Wer eine Sense nach ihrem Klang und eine Frau nach ihrem Gesang kauft, wird meistens betrogen). In der christlichen Seefahrt versteht man unter Lee die dem Wind abgewandte Seite eines Schiffes, die zugewandte heißt „Luv". Auf dem Museumshof in Lensahn kann sich der Besucher in den Umgang mit einer Lee (Sense) einweisen lassen.

Leev „De Leev lehrt sogor den Esel dat Danzen!" (Die Liebe lehrt sogar den Esel das Tanzen!) Der Esel gilt als bockbeinig, stur, dumm, ungeschickt und faul. Dieses Bild stimmt mit vielen hochdeutschen Redensarten überein. Gemeint ist, dass die Liebe so stark ist, dass sie alle Hindernisse und Widrigkeiten überwindet, sozusagen „eine Himmelsmacht" ist, wie es in einer Operette heißt. Siehe aber auch → *gnegeln, vergnegelt.*

Leit ünnern Steert „He hett aver dat Leit ünnern Steert" (Er hat aber die Zügel unter dem Schwanz). Damit bezeichnet man vor allem im Raum Holstein einen ungeduldigen, aber auch übermütigen Menschen. Der Begriff geht auf das Anspannen der Pferde vor einen Wagen oder eine Kutsche zurück. Die Zügel sind die Verbindung zwischen Pferdemaul und der Hand des Kutschers. Durch Schlagen mit dem Schweif – etwa wegen der Fliegen – können die Zügel unter den Schweif (Steert) geraten, und wenn das Pferd den Schweif einklemmt, ist „Holland in Not", weil der Kutscher nun keine unmittelbare Einwirkung auf das Lenken hat und das Pferd durchgehen kann. Sprüche wie „Hest du dat Leit ünnern Steert kregen?" (Hast du den Laufpass bekommen?) sind auch heute noch zu vernehmen.

Lewer duar üs Slaav „Lieber tot als Sklave" ist ein bekannter nordfriesischer Wahlspruch. Er bringt friesisches Freiheitsbewusstsein auf den Punkt. In seiner Sylter Variante machte ihn der Dichter *Detlev von* → *Liliencron* in der Ballade „Pidder Lüng" in ganz Deutschland bekannt. Auf Festlandsfriesisch heißt der Wahlspruch „Liiwer düüdj as sloow".

Ley nennt man den schmalen Ausläufer eines → *Priels* im Wattenmeer, wie die Lister Ley.

Liekbott, Liekfolgbeder, Liekpinn Eine alte, bei Beerdigungen gebräuchliche Sitte in Angeln war die Bitte, dem Leichenzug zu folgen (Liekbott = Leichenbitte). Ausgesprochen wurde sie vom Liekfolgbeder (= zum Leichenzug, zur feierlichen Beerdigung Bittender). In der Regel war dies ein Nachbarskind, das von Haus zu Haus lief und einen Spruch aufsagte. Grußlos verließ es danach das Haus, denn das übliche → *Moin* passte nicht zum traurigen Anlass, und ein „Auf Wiedersehen" hätte beim damaligen Aberglauben (Thema „Tod") zu Komplikationen geführt. In Südangeln wurde ein kleiner Holzstab, der Liekpinn, von Haus zu Haus weitergegeben. Er hatte einen Spalt, in den die schriftliche Mitteilung mit den Beerdigungsdaten gesteckt war, und wurde von „warmer Hand in warme Hand" gegeben, das heißt er durfte nicht abgelegt werden. Blieb er dennoch in einem Haus liegen, war dort der nächste Sterbefall zu befürchten.

Liekdorn Bei diesem Wort denkt der des Plattdeutschen Unkundige sofort an einen Dorn in einer Leiche. Weit gefehlt. Gemeint ist das schmerzhafte Hühnerauge, ein Dorn im Körper. Mit „Liek" war früher der Körper, der Leib gemeint. So sagte man von einem Hochmütigen: „Nu pedd di man nich op'n Liek" (Nun tritt dir mal nicht auf den Leib). Wenn jemand große Schmerzen hatte, sagte man im ostholsteinischen Preetz: „He sitt so krumm op't Peerd, as wenn he Liekdörn an'n Achtersen harr" (Er sitzt so krumm auf dem Pferd, als hätte er Hühneraugen am Hintern).

Liliencron, Detlev von Liliencron ist am 3. Juni
1844 in Kiel geboren und am 22. Juli 1909 in
Alt-Rahlstedt (seit 1937 Teil von Hamburg) gestorben. Er hat ein unruhiges Leben geführt.
Als Offizier hat er am Deutschen Krieg 1866
und am Deutsch-Französischen Krieg 1870/71
teilgenommen. Nach seiner Auswanderung in
das gelobte Land Amerika kehrte er 1877 ent-
täuscht nach Schleswig-Holstein zurück. Hier
arbeitete er zunächst als Verwaltungsbeamter
und ging dann als freier Schriftsteller nach
München und Berlin. Er hat sich besonders
der Natur- und Liebeslyrik zugewandt und
Kriegserzählungen geschrieben. Über die
Grenzen Schleswig-Holsteins hinaus bekannt
geworden ist er allerdings durch sein Gedicht
„Trutz, blanke Hans". In diesem Gedicht beschreibt er den Untergang des sagenumwobenen Ortes Rungholt (siehe → *blanker Hans,*
→ *Trutz, blanke Hans*).

lummerig Bei einem fernen, leisen Donnern sagt
man: „Dat lummert al (schon) den ganzen
Abend." Dabei ist die Luft dann meistens
„lummerig", das heißt trübe, unklar, schwül.
Im Friesischen heißt es „lomri", im Dänischen
„lummer".

Lurendreiher Unter einem Lurendreiher versteht
man in Flensburg eine verschlagene Person,
die auf etwas „luurt" (lauert) oder „lurig"
guckt. Siehe auch → *schuulsch* und → *Luurbüdel*.

Lütt un Lütt Wer früher in einer schleswig-holsteinischen Gaststätte, vornehmlich auf dem Lande, diese Bestellung aufgab, bekam ein kleines Bier (0,1 Liter) und einen kleinen Köm, in Dithmarschen „Kümmel" (2 Zentiliter) serviert. Beides wurde in der Regel gleichzeitig getrunken. Für diese Getränkekombination gab es in manchen Gaststätten spezielle Gläser. Auf „Lütt un Lütt" würde heute kaum noch eine Bedienung reagieren, wohl aber auf „Ein Bier und einen Korn".

Luurbüdel Ein Luurbüdel ist jemand, der sehr neugierig ist oder darauf wartet (lauert, „luurt"), dass etwas passiert. Zum Beispiel wurden früher, als es noch kein Abseits gab, Fußballstürmer so genannt, die sich kaum bewegten und lediglich vor dem Tor abwarteten, dass ihnen jemand den Ball zuspielte, damit sie beim Torschuss allein die Lorbeeren kassieren konnten. Sie waren eben „Lauerbeutel".

Luussalv „He hett keen Penning to Luussalv." Damit meinte man früher jemanden, der so arm war, dass er nicht einmal einen Pfennig besaß, um sich damit Läusesalbe kaufen zu können. Heute kennen wir auch den Spruch: „He hett keen Penn op de Naht" (Er hat keinen Pfennig auf der Naht).

M

Maker, Moker Das ist ein großer, schwerer Hammer, den Zimmerleute, Tischler und Schmiede gebrauchen. Er dient dem Einrammen von Pfählen, zum Zerschlagen von Steinen und zum Festklopfen von Lehmböden. Der Maker hat keine Entsprechung im Hochdeutschen. Für die plattdeutschen Handwerker war und ist er der vom Gewicht her größte Hammer, der bei schwierigen Einsätzen gebraucht wurde, der alles „macht" (maakt).

mall Dieses Adjektiv begegnet uns häufig in der Bedeutung „verrückt, albern". Im niederländischen Friesisch finden wir hierzu die Entsprechung „mal". Auch das Französische mag auf die Bedeutungsentwicklung Einfluss genommen haben (mal = böse, schlimm). In Verbindung mit albernen, aber auch quengeligen Kindern, häufiger Mädchen, hieß es: „Wat büst du bloots för'n malle Jitt" (Was bist du nur für eine alberne Ziege). Siehe auch → *tieren*.

Manchester Holsteins Hinter diesem Namen verbirgt sich die Stadt Neumünster. Der ehemalige Flecken war im 17. Jahrhundert ein wichtiger Verkehrsknotenpunkt (→ *Ochsenweg*). Tuchmacher haben hier die Wolle, die sie von den landesherzoglichen Schäfereien erhielten, verarbeitet. Dieser Erwerbszweig bildete die wesentliche Grundlage für die industrielle Entwicklung Neumünsters. Der Eisenbahnanschluss im Jahre 1844 hat schließlich die Ansiedlung größerer Gerbereibetriebe ermöglicht, sodass der Ort bald als „Manchester Holsteins" galt. Manchester, nach London bedeutendste Finanz- und Handelsstadt in Großbritannien, war zur damaligen Zeit das Zentrum der Bekleidungs-, Textil- und Schuhindustrie.

Nach der schweren Zerstörung Neumünsters im Zweiten Weltkrieg sind die alten Leitindustrien (Tuch- und Lederproduktion) weitgehend verschwunden. An ihrer Stelle haben sich vermehrt Dienstleistungsbetriebe angesiedelt. Die Stadt hat heute etwa 77 000 Einwohner.

Mandränke werden die besonders schweren Sturmfluten von 1362 und 1634 genannt, bei denen Tausende Menschen ertranken.

Mann inne Tünn „Mann inne Tünn – un Fru inne Bottermelk" (Mann in der Tonne – und Frau in der Buttermilch). Es handelt sich hierbei um einen sehr bedachten Ausruf des Erstaunens und anfänglichen Unwillens, der in Ostholstein gerne gebraucht wurde. Prof. Dr. Willy Diercks, Mitglied des Beirats „So spricht Schleswig-Holstein", erläutert hierzu ergänzend, dass „Mann inne Tünn" das Erschrecken darüber beschwört, dass aus einer Tonne, wie man sie früher zum Warentransport oder zur Lagerung verwendete, plötzlich ein Mann auftauchen könnte. „Fru inne Bottermelk" soll die Situation wieder entspannen. → *Bottermelk* (Buttermilch) ist ein geringwertiges Nahrungsmittel, das an Schweine verfüttert wird, und

daher ist kein großer Schaden zu erwarten. Von jemandem, dem man nicht viel zutraute, sagte man: „He is en Held inne Bottermelk" (Er ist ein Held in der Buttermilch).

Manschetten haben Es gibt bekanntlich Menschen, die sich vor jeder Art von Arbeit drücken, die Panik erfasst, wenn Arbeit auf sie zukommt. Sie fürchten sich davor, ihre Manschetten schmutzig zu machen. So ist „Manschetten (Angst) haben" zu einem geflügelten Wort geworden.

Martje Flor(is) „Et gah uns wol up unse ole Dage" (Es gehe uns wohl auf unsere alten Tage). Dies ist ein bekannter Trinkspruch an der Westküste. Martje Flor, eine zehnjährige Hofbesitzerstochter aus Katharinenheerd auf Eiderstedt, soll ihn bei der Belagerung Tönnings im Jahre 1700 anlässlich eines Trinkgelages ausgerufen haben. Kurt Tucholsky schreibt dazu in seinem 1931 bei Rowohlt erschienenen Roman „Schloß Gripsholm":
„Martje Flor, das war jene friesische Bauerntochter gewesen, die im Dreißigjährigen Kriege von den Landsknechten an den Tisch gezerrt wurde; sie hatten alles ausgeräubert, den Weinkeller und die Räucherkammer, die Obstbretter und den Wäscheschrank, und der Bauer stand daneben und rang die Hände. Roh hatten sie das Mädchen herbeigeholt – he! da stand sie trotzig und gar nicht verängstigt. Sie sollte einen Trinkspruch ausbringen. Und

warfen dem Bauern eine Flasche an den Kopf und drückten ihr ein volles Glas in die Hand. Da hob Martje Flor Stimme und Glas, und es wurde ganz still in dem kleinen Zimmer, als sie ihre Worte sagte, und alle Niederdeutschen kennen sie."

Matjes So bezeichnet man den jungen, noch nicht geschlechtsreifen Hering, der diesen Namen vom niederländischen „Meisje" (= Mädchen) erhalten hat. Er wird vor dem ersten Laichen in der Nordsee und im Atlantik gefangen, dort sofort geschlachtet und dann in Salz eingelegt. Matjes sind eine wahre Delikatesse, vor allem mit Pellkartoffeln und einer Apfel-Zwiebel-Sahnesoße. Auch mit leckeren Bratkartoffeln werden sie häufig gegessen. Ein Muss für die lukullischen „Leckertähns" (Feinschmecker) sind die seit 1967 jeweils im Juni stattfinden-den Glückstädter Matjeswochen.

Mehlbüdel Mehlbeutel, auch „Großer Hans" ge-nannt, ist ein Gericht, das besonders in Dith-marschen üblich ist. Das Wort „Mehlbüdel" bezeichnet den zusammengebundenen Lei-nenbeutel, in dem das Gericht gekocht wird. Neben Mehl wird der schlichte Mehlbeutel aus Eiern, Milch und Butter zubereitet. Ist dieser „Ball" mit Rosinen und Korinthen durchsetzt, wird er „bunter Mehlbeutel" genannt. Verwen-det wird auch heute noch gerne die soge-nannte Büßmelk (siehe → *Melk*), die erste, etwas gelbliche Milch einer Kuh nach dem

Kalben. Mit „Mehlbüdel" wurde aber auch abfällig ein Dummkopf bezeichnet.

Meieriespeck Diese schöne Umschreibung für Käse stammt aus Glücksburg. Auch wurde so früher der Magerkäse bezeichnet, häufig aber auch junge, zu dünn geratene Mädchen, die in der Meierei beschäftigt waren.

Melk Milch und Milchprodukte sind alte landwirtschaftliche Erzeugnisse. Lange gibt es schon Sötmelk (Vollmilch), afrahmte Melk (Magermilch), → *Bottermelk* (Buttermilch), Dickmelk (Dickmilch), Beest- oder Büßmelk (erste Milch nach dem Kalben, für die es zahlreiche Rezepte gab), niestmelkte Melk (frisch gemolken), Schleudermelk (Magermilch). Milch stand immer zur Verfügung und wurde deswegen vielfach in der kalten und warmen Küche verwendet, ob nun in Grütze oder in Satten (flachen Schüsseln) ans Fenster gestellt. Hierzu gibt es folgende Redensarten: „Se hett wat in de Melk to krömen" (Sie hat was in die Milch zu brocken = ist wohlhabend); „Se süht ut as Melk un Bloot" (Sie sieht aus wie Milch und Blut = frisch und gesund). Zahlreich sind die Gefäße und Gerätschaften, die für den Umgang mit der Milch erforderlich sind – vom Melkschemel, Melksef (Sieb) bis zum Melkreck, dem Gestell, auf dem die Kannen (→ *Melkkann*) oder Flaschen zum Trocknen aufbewahrt werden. Mit dem Melken verbunden sind zahlreiche Formen des Aberglaubens, die hauptsächlich dazu dienen, Zauber von den Tieren abzuwenden bzw. das Melken erfolgreich zu machen, zum Beispiel: Man binde ein Strumpfband vom rechten Bein um das linke Horn.

Melkkann Milchkannen, die zur nahe gelegenen Meierei befördert werden sollten, wurden früher an der Auffahrt zur Hofstelle eines Bauernhofes abgestellt. Die Eisenbahn, die zu jener Zeit gemächlich von Ort zu Ort „zuckelte", hielt schon einmal auf Zuwinken an, wenn jemand eilig die nächste Station erreichen wollte und sich dabei in der Nähe einer solchen Auffahrt aufhielt. „De hölt an jede Melkkann an" (Der hält an jeder Milchkanne an), sagt man auch heute noch, wenn man die Reiseroute eines Regionalzuges anschaulich beschreiben will.

Moin, Moin Das ist im Lande, auch in Südjütland, ein gebräuchlicher Gruß, der zu jeder Tages- und Nachtzeit an Bekannte und Freunde gleichermaßen gerichtet wird. Der Angesprochene grüßt mit „Moin" zurück. Besonders im mehrsprachigen Flensburg bürgerte sich das „Moin" schon sehr früh ein. Nun gibt es den Begriff auch im Duden seit der 23. Auflage. Björn Engholm, einstmals politischer Hoffnungsträger, bezeichnete „Moin" als die genialste Wortschöpfung aller Zeiten. Das Wort stammt von dem ostfriesischen „Mojen Dag" und heißt „Schönen Tag".

Monarch „Dat is ok so'n Monarch!" (Das ist auch so ein Monarch!) Damit meint man abfällig einen verwahrlosten, heruntergekommenen Menschen. Zu Zeiten, als Landstreicher, Vagabunden, aber auch Erntehelfer im öffentlichen Erscheinungsbild nicht ungewöhnlich waren und diese aus aller Herren Länder kamen (in denen Monarchen, Könige regierten), sagte man: „De sünd vun allerhand Monarchen!"

Mudder Griepsch ist in allen schleswig-holsteinischen Landesteilen eine geläufige Bezeichnung für die Hebamme. Dieser plattdeutsche Ausdruck leitet sich von „griepen" = greifen ab.

Müllenhoff, Karl Prof. Dr. Karl Müllenhoff, am 8.9.1818 in Marne geboren und am 19.2.1884 in Berlin gestorben, lehrte an der Christian-Albrechts-Universität in Kiel zunächst deutsche Literatur und Altertumskunde. Er war über Jahre hinweg befreundet mit dem niederdeutschen Dichter *Klaus* → *Groth* und hat sich als dessen Mentor verstanden. Müllenhoff hat dann einen Ruf nach Berlin für deutsche Philologie angenommen und ist dort bis zu seinem Tode geblieben. Er hat sich u. a. mit Sagen, Märchen und Liedern der Herzogtümer Schleswig, Holstein und Lauenburg befasst.

Muultrecker Wenn etwas Saures dafür sorgt, dass der Mund sich zusammenzieht, dann handelt es sich um einen „Muultrecker" (Muul = Maul, trecken = ziehen). Stellvertretend hierfür stehen Zitronen.

Muurmann Der Maurer gehört zu den alten handwerklichen Berufen. Um den Beruf und die zugehörigen Geräte sind zahlreiche Begriffe und Redewendungen entstanden. „Een Stunn muurt se un een Stunn luurt se" (Eine Stunde mauern sie und eine Stunde machen sie Pause und gucken); „Een Stunn meet se un een Stunn eet se" (Eine Stunde messen sie und eine Stunde essen sie). Ihre Werkzeuge sind: Muurkell (Maurerkelle), Foogkell (Fugenkelle), Riefbrett (Reibbrett), Tollstriek (Zollstock), Winkelmaat (Winkelmaß), Lot, Snoor (Schnur). Natürlich wissen wir alle, dass der Beruf eines Maurers ein schwerer ist und die Redensarten eben nur Redensarten sind.

Na? Wie hast du das? Diese häufig zu hörende Redewendung im nördlichen Schleswig-Holstein, insbesondere in Schwansen, meint schlicht und ergreifend: „Wie geht's dir?" Eine ernsthafte Antwort darauf wird selten erwartet.

Nääs (Nase) Wollte ein Schüler nicht so recht lernen – sei es, dass er im Unterricht nicht aufgepasst hatte, sei es, dass er ein bisschen „zurückgeblieben" war –, wurde er vom Lehrer oft mit der Nase auf das entsprechende Buch gestoßen. „He mutt dor mit de Nääs op stött warrn" (Er muss mit der Nase drauf gestoßen werden), hieß es dann. Das sagt man übrigens auch heute noch bei jemandem, der „den Wald vor lauter Bäumen" nicht sieht, der „wie der Ochs vorm Berge" vor einem Problem steht.

Nagel So manches Sprichwort „trifft den Nagel auf den Kopf", kommt ohne Umschweife „auf den Punkt". Eines aus der unendlichen Fülle der Lebensweisheiten lautet: „De een sleit den Nagel an de Wand, de anner hangt sien(en) Hoot dor op" (Der eine macht sich die Mühe, den Nagel in die Wand zu schlagen, und ein anderer kommt daher und hängt seinen Hut daran auf). Gemeint ist, dass sich Menschen gern „mit fremden Federn" schmücken. Ist ja bekanntlich kein unübliches Verhalten.

Nationale Friesen So nennt man die Nordfriesen, die sich zu einem eigenen friesischen Volk rechnen. Organisatorisch gehören sie zur „Friisk Foriining" (Friesischer Verein), deren Gründung ins Jahr 1923 zurückreicht.

Nehmerow und Geberow Man könnte annehmen, mit diesem Begriffspaar seien die Namen mecklenburgischer Orte gemeint. Weit gefehlt. Wollte man im Volksmund einen egoistischen, unersättlichen und zugleich geizigen Menschen kurz und treffend charakterisieren, sagte man: „De is ok mehr vun Nehmerow as vun Geberow" (Der ist auch mehr vom Nehmen als vom Geben).

Nis Puk So heißt die wohl bekannteste nordfriesische Sagengestalt, ein Hauskobold. Er verkörperte schicksalhafte Fügungen wie Glück und Unglück. Um ihn gnädig zu stimmen, versorgte man ihn an einer versteckten Stelle im Haus mit seiner Lieblingsspeise Grütze und Butter. Sein Lieblingsplatz soll die Bodenluke gewesen sein. Wegen seiner großen, stechenden Augen kursierte das Sprichwort „Der glotzt ja wie ein Puk".

Nödskitjer und Panskitjer Klookschieter oder -skitjer („Klugscheißer") sind in Schleswig-Holstein allgemein bekannt. Auf Fering, der friesischen Sprache der Insel Föhr, kennt man aber auch den Nödskitjer und den Panskitjer. Nöd bedeutet „Nuss", Nödskitjer lässt sich am treffendsten mit „Pedant" übersetzen. Pan ist die Kurzform von Paning, dem Pfennig. Ein Panskitjer ist also ein „Pfennigfuchser".

Nüdschanix (nützt ja nichts) Eine unaufschiebbare Arbeit wird häufig mit „nüdschanix" oder „dat hölpt allens nix" (das hilft alles nichts) kommentiert. Das mögen sich auch unsere fleißigen Maulwürfe (Mullwarpen) denken, die auf ihre Weise ihren Beitrag zur Gartenpflege leisten, auch wenn ihr Haus- und Hofbesitzer ihre Arbeit ein wenig kritisch beäugt. Dennoch: Alle Achtung!

Ochsenweg Noch heute finden wir an manchen Stellen unseres Landes Hinweise auf den früheren Ochsen-, Heer- oder Königsweg. In Spitzenzeiten wurden Ende des 16. Jahrhunderts jährlich bis zu 50 000 Ochsen von Nordjütland zu den Märkten in Schleswig-Holstein (Husum, Itzehoe, Wedel) sowie nach Hamburg und südlich der Elbe getrieben. Diese Handelsstraßen – eine westliche führte über Husum, eine östliche über Neumünster – nannte man im Volksmund „Ochsenwege". Sie verloren ab Mitte des 19. Jahrhunderts mit dem zunehmenden Eisenbahnverkehr rasch ihre Bedeutung. Wer sich in früheren Zeiten auf dem Ochsenweg befand, war damit aber noch lange nicht auf dem „Holzweg".

Odde Landspitze oder Vorsprung, zum Beispiel Hörnum-Odde oder Amrum-Odde; das Wort stammt aus dem Dänischen.

Ökelnamen (auch Öker- oder Nökelnamen) Vor allem in früheren Zeiten hat es Probleme gegeben, insbesondere auf den Dörfern und Inseln, die vielen Menschen mit gleich lautenden Familiennamen auseinanderzuhalten. Da bot es sich an, sie nach ihrem Aussehen, ihrer Herkunft und ihren Verhaltensweisen zu kategorisieren. Der eine hieß

Hörnum-Odde, die Südspitze der Insel Sylt, aus der Vogelperspektive

Jan Grootbuur, der andere Jochen Lee (Sense, → *Lee*) und ein anderer wiederum nur Fiete Pree, weil er beim plattdeutschen Zählen (een, twee, dree) den Anlaut „d" bei der Zahl „dree" nicht sprechen konnte und dafür das „p" benutzte. Mehr dazu im Beitrag „Warum ein Gastronom aus Büsum auch ‚Hugo Pfeil' genannt wurde" (S. 23–27).

Onkel, großer Wenn Menschen auffällig ungelenk dahergehen, heißt es im Volksmund: „Der geht (läuft) aber über den großen Onkel." Es wird dann gemutmaßt, er habe ein Hühnerauge (→ *Liekdorn*) am Fuß oder habe sich möglicherweise den Fußnagel eingerissen. Natürlich haben wir es hier nicht mit einem Onkel und schon gar nicht mit einem großen zu tun. Der Begriff ist eine schlampige Eindeutschung aus dem französischen „grand ongle" (großer Nagel, großer Zeh), vermutlich aus der napoleonischen Besatzungszeit (1806–1812).

op dal (wörtlich: auf hinunter) Begegnen sich zwei Schleswig-Holsteiner aus demselben Dorf oder derselben Stadt, begrüßen sie sich gern mit den Worten: „Na, wo schallst du denn op dal?", was so viel bedeutet wie: „Was hast du denn gerade vor?"

op to (wörtlich: auf zu) Beim Handel war es früher üblich, dass der Käufer am Ende eines Geschäftes etwas „draufzu", „obenauf" bekam.

Vor allem die Kinder erhielten beim → *Höker* nach dem Kauf Bonbons (Bundjes) „op to". In der hochdeutschen Umgangssprache haben sich die Adverbien „noch dazu", „obendrauf" und „auf zu" eingebürgert.

opsternaatsch „Wat is he vundaag opsternaatsch" (Was ist er heute obstinat), sagte Großmutter häufig, wenn ihr Enkelkind wieder mal störrisch und widerspenstig war. Dieses Wort ist zurückzuführen auf das lateinische „obstinatus" (beharrlich, hartnäckig).

Oss Zwischen Jung und Alt gibt es häufig massive Verständnisschwierigkeiten, die vor allem im unterschiedlichen Sprachverhalten begründet sind, aber auch in Kleidung, Frisur und Verhalten. Wenn sich die Alten wieder einmal kopfschüttelnd von den Jungen abwenden, heißt es im Plattdeutschen: „De Oss hett vergeten, dat he ok mol Kalf ween is" (Der Ochse hat vergessen, dass er auch mal Kalb gewesen ist). Dem ist nichts hinzuzufügen.

P **Pansenkniepen** Gemeint sind damit Magengrimmen oder Magenschmerzen, insbesondere wenn man zu viel gegessen hat und es im Magen kneift, „knippt". Diese Ausdrucksweise soll besonders in Stormarn gebräuchlich sein.

Pariser Schoh Wenn Frauen das Laufen auf Stöckelschuhen erst noch üben müssen, so heißt es in der Landschaft Angeln häufig: „So is dat mit'e Pariser Schoh an'e Angeliter Fööt" (So ist es mit den Pariser Schuhen an den Angeliter Füßen).

Pesel ist die beste Stube eines nordfriesischen Hauses. Sie wurde vor allem für Feiern genutzt. Hier wurden auch die Toten aufgebahrt. Nicht selten diente sie als Lagerraum. Der Pesel war in der Regel nicht beheizbar („kalte Pracht"). Siehe auch → *Königspesel*.

Petritag Der 22. Februar, an dem man an die Erhebung des heiligen Petrus auf den Bischofsstuhl in Antiochien erinnerte (Festtag „Petri Stuhlfeier in Antiochien"), hatte früher eine besondere Bedeutung. In Teilen Nordfrieslands traf man sich dann zu einer Volksversammlung, einem „Ding" oder „Thing". Auf Sylt bekommen die Kinder noch heute schulfrei. Am Vorabend wird das → *Biikebrennen* gefeiert. Der Petritag, friesisch „Piddersdai", spielt auch eine besondere Rolle in der friesischsprachigen Komödie „Di Gidtshals" (→ *Giezhals*), geschrieben von dem Sylter Seemann Jap Peter Hansen.

Petuh (Petuhtanten) Das Petuh ist eine nur
Flensburg gebräuchliche Sprache der „J
tanten", eine Mischung aus dänischem
bau mit hochdeutschen Wörtern. Auffallena
ist das scharf gesprochene „s" am Anfang von
Wörtern und ein zum „ch" verfälschtes „g".
Petuhtanten waren meist ältere Damen, die
sich vor dem Ersten Weltkrieg regelmäßig zu
Ausflugsfahrten mit dem Dampfer „Alexan-
dra" auf der Förde trafen. „Petuh" leitet sich
aus dem Französischen „partout" (überall) ab.
„Partoutkarten" hießen die Jahresdauerkarten
für die Dampferfahrten.
Hier ein Ausschnitt aus einem typischen
Petuhtantengepräch:

Fr. Petersen: „O Beste, das sind ja noch chrade
vier Plätze frei, lass uns man uns hinsetzen."
Fr. Hansen: „O haueha, was'n Mars (Arbeit)
un kriegen ein Ssitzchelegenheit auf sson volles Schiff."
Fr. Jessen: „Man chut, wir haben Frau Thomsen ihr leerer Stuhl für unsere Paasen (Beutel)
und Tücher und legen auf." (Sie setzen sich
und ziehen ihre Handarbeiten heraus.)
Fr. Petersen: „Wo bleibt doch bloß Frau Thomsen? Ssie hat es doch sonst sso hilde (eilig). –
Ah, da steht ssie ja und ssucht nach uns!"
(schreiend) „Frau Thomsen, Frau Thomsen!
Kumm doch, Beste, Ssie sind ja woll chanz
wild in die Sseitens (Sie haben sich wohl völlig
in der Zeit vertan)! Kumm doch nu über zu
uns, Liebbe!"

Pferd (Hingst) „En witjen hingst brükt föl streiling" (Ein weißes Pferd braucht viel Streu). So sagt man auf Föhrer Friesisch und meint damit: Eine Frau, die viel Wert auf ihr Äußeres legt, ist teuer. Wie wahr!

Pharisäer Diese ungewöhnliche Bezeichnung trägt ein vor allem auf der nordfriesischen Halbinsel Nordstrand beliebtes Getränk. 1874 wurde im Hause des Bauern Peter Georg Johannsen im Elisabeth-Sophien-Koog auf

Dieser Kaffee hat es in sich! Unter der Sahnehaube verbirgt sich Hochprozentiges.

Nordstrand eine Taufe gefeiert. Geladen war auch der Pastor, ein strenger Gegner des Alkohols. Die Gäste sollten trotzdem ihr Vergnügen haben. Man goss Rum in den Kaffee, eine Haube aus Schlagsahne versiegelte das verräterische Aroma. Der Pastor bekam nur reinen Kaffee gereicht – bis eine Magd eine Tasse verwechselte. Die Entrüstung des Gottesmannes

entlud sich in dem Ausruf: „Ihr Pharisäer!"
Die Pharisäer waren eine jüdisch-religiöse
Partei zu Zeiten Jesu Christi, die eine strenge
Befolgung des mosaischen Gesetzes vertrat.
Sie galten als selbstgerecht und heuchlerisch,
daher kommt der Ausdruck „pharisäerhaft".

Picker Dieser Begriff für Murmel oder Marmel
stammt aus Kiel. „Pickern" bedeutet so viel
wie „mit Murmeln (Marmeln) spielen" – besonders in Kiel und Umgebung ist der Begriff
geläufig.

pieren Jemanden zu pieren bedeutet, ihn zu rei-
zen, zu necken, aber auch zu quälen. Diesen
Ausdruck kennt man u. a. in Flensburg, Kiel,
Angeln und Husum. Danach ist außerdem ein
Kartenspiel benannt.

Pingstoss „De süht je ut as en Pingstoss" (Der
sieht ja wie ein Pfingstochse aus). So bezeichnet man in Nordfriesland jemanden, der sich
sehr auffällig gekleidet hat, aufgetakelt ist. In
Albersdorf (Dithmarschen) und anderswo gibt
es alljährlich zu Pfingsten ein großes Fest: Der
Pfingstochse wird am Spieß gebraten.

Plattdeutsch Das ist die Sprache immer noch vieler
Menschen im norddeutschen Sprachraum, vor
allem im Lande zwischen den Meeren, in
Schleswig-Holstein. Sie ist gut 2000 Jahre alt,
hat viele Veränderungen u. a. durch politische
Einflüsse (Hugenotten) durchgemacht und

musste sich durch schwierige Zeiten wie Industrialisierung und Globalisierung hindurchquälen. Dort, wo sie noch gesprochen wird – in der Fischerei, im Handwerk, in der Landwirtschaft –, scheint sie kaum etwas von ihrer urwüchsigen Kraft eingebüßt zu haben. Sie ist nicht „platt", wie man meinen könnte, etwa nur die Sprache „des platten Landes", vielmehr allgemein verständlich, direkt, unmittelbar, knapp, bildhaft, fernab von Geschwätzigkeit. Da die Zahl derjenigen, die Plattdeutsch können, in den vergangenen Jahrzehnten trotz verbesserter öffentlicher Wahrnehmung deutlich abgenommen hat, gibt es länderübergreifende Bestrebungen, die Sprache zu schützen. Näheres ist anschaulich und gut verständlich in dem von Frerk Möller verfassten Ratgeber „Hoch un(d) platt" des Instituts für niederdeutsche Sprache in Bremen dargestellt.

Eine lebendige, wenn auch sehr einseitige Charakterisierung des Plattdeutschen finden wir in Kurt Tucholskys „Schloß Gripsholm":

„Manchen Leuten erscheint die plattdeutsche Sprache grob, und viele mögen sie nicht. Ich habe diese Sprache immer geliebt; mein Vater sprach sie wie Hochdeutsch. Sie, die ‚vollkommenere der beiden Schwestern', wie *Klaus → Groth* sie genannt hat. Es ist die Sprache des Meeres. Das Plattdeutsche kann alles sein: zart und grob, humorvoll und herzlich, klar und nüchtern und vor allem, wenn man will, herrlich besoffen."

plietsch un pesen „Plietsch" bedeutet so viel wie „aufgeweckt, klug, pfiffig, weltgewandt" (siehe auch → *Swien*). Es leitet sich vom Adjektiv „politisch" ab und ist zum ersten Mal im Jahre 1801 in Dithmarschen gebraucht worden. „Pesen" lässt sich von dem englischen Begriff „pace" = Tempo, Geschwindigkeit herleiten. „Nu pees man nich so", rief Oma ihrem Enkel zu, der wie wild hinter der Straßenbahn herrannte.

Ploog Der Pflug ist das älteste Bearbeitungsgerät für den Acker, das sich in seinen Funktionen bis zum heutigen Tag erhalten hat. Ob nun Hakenpflug oder computergesteuertes technisches Gerät – immer geht es darum, Samen, und Körner in die Erde zu bringen und neue Früchte des Feldes wachsen zu lassen. Für unterschiedliche Böden wurden entsprechende Pflüge gebaut, und alle Unterschiede wurden in der Niederdeutsch sprechenden Landwirtschaft benannt. Ob nun Stellploog (Stellpflug), Dithmarscher Ploog, Swungploog (Schwingpflug), Kantüffelploog (Kartoffelpflug), sie unterschieden sich nach ihrer Bauart. Und die Namen der Teile sind entsprechend endlos: dat lütt/groot Rad, de Kopp, dat Höft (das große/kleine Rad, der Kopf, das Haupt) etc. Die Bedeutung des Pfluges für das Wirtschaften auf dem Lande macht sich in vielen Redensarten deutlich: „Se plöögt desülwe För" (Sie pflügen dieselbe Furche = sind sich einig); „He plöögt keen grad För" (Er pflügt keine gerade Furche = ist nicht aufrichtig); „Nu hebbt wi dat wull noog dörplöögt" (Nun haben wir das wohl genug durchgepflügt = darüber gesprochen).

Polder Ein Polder, auch „Goden" oder „Heller" genannt, ist eingedeichtes Marschland. Wir nennen es auch → *Koog*. Der Begriff stammt vom englischen „polder" = eingedämmte Niederungen. An der schleswig-holsteinischen Westküste sind davon in den vergangenen Jahrhunderten über 230 entstanden, die letzten 1988 und 1991 vor Fahretoft bei Dagebüll und Ockholm bei Schlüttsiel.

Priel Dieses Wort sollte nicht mit dem akustisch gleichnamigen Spülmittel verwechselt werden. Priele sind mehr oder weniger flache Rinnen im schleswig-holsteinischen Wattenmeer, in denen während der Gezeiten (→ *Tide*) die Wasserströme ein- und auslaufen. Wenn die Strömungsgeschwindigkeit am höchsten ist, sollten Wattwanderer aufpassen, wenn sie den Priel durchqueren wollen. Es empfiehlt sich, die flachste Stelle aufzusuchen. Die maximale Strömungsgeschwindigkeit beträgt bis zu acht Meter pro Sekunde – das ist dann lebensgefährlich.

prünen „,Dat is Prüünkraam, du Prüünbüdel', sä de Swiegermudder, nehm de Swiegerdochder de Neihnodel ut'e Hand un prüün den Knoop an dat sieden Hemd" („Das ist Pfusch, du

Prünbeutel", sagte die Schwiegermutter, nahm der Schwiegertochter die Nähnadel aus der Hand und prünte den Knopf an das Seidenhemd). Ursprünglich hieß „prünen" „den Schweinen den Rüsseldraht einsetzen", später dann „grob, oberflächlich, flüchtig nähen".

pük, püük „De Deern süht pük ut, und sauber is se → *op to*" (Das Mädchen sieht pük aus, und sauber ist sie obendrein), sagte der Jüngling und forderte die so Beschriebene auf der Stelle zum Tanz auf. Sie war in seinen Augen fein, zierlich und hübsch. Im Niederländischen ist diese Dame „puik". Verwandt ist auch das hochdeutsche „piekfein". Das Adjektiv geht vornehmlich auf das englische „pick" (Auswahl, to pick = picken, pflücken, aussuchen) zurück. Häufig ist mit „pük" auch die Auserlesenheit von Kleidung gemeint. Das Nomen „Püükheit" finden wir in dem folgenden Spruch wieder: „„Püükheit mutt sein', sä de ole Fru, do nehm se den Bessen un fegte den → *Disch* af" („Sauberkeit muss sein", sagte die alte Frau, nahm den Besen und fegte den Tisch ab).

Pullevördau So nannte man in Flensburg einen fleißigen Tagelöhner, der schon früh am Morgen in seinem Garten herumbastelte. Darum sagten die Leute: „He pusselt vör Dau" – „Er pütschert vor Tau" (→ *pütschern, pütscherig*). „Vör Dau un Daak" (vor Tau und Nebel) begann einer mit seiner Arbeit im Morgengrauen. Dieser Ausdruck war in Dithmarschen, Nordfriesland und Ostholstein weit verbreitet. „Dat is dakig", sagte man auch, wenn es neblig war.

Puschen „Komm in die Puschen!" Puschen – das ist die norddeutsche Umschreibung für den (hinten geschlossenen) Hausschuh. Und der Spruch steht für so viel wie „Beeil dich!". Das Wort stammt ursprünglich von dem arabischen „babusch", bis es dann über das französische „babouche" durch die Hugenotten (17. Jahrhundert) und später durch die napoleonischen Besatzer (1806–1812) Eingang in den norddeutschen Sprachgebrauch fand.

pütschern, pütscherig Wenn jemand pütscherig ist, ist er kleinlich, langsam und pedantisch. Pütschert man mit Wasser, Milch oder Sahne herum, vergeudet, verschwendet man etwas. Abgeleitet werden Verb und Adjektiv vom plattdeutschen „Püttjer" (Töpfer). Eine kleine, kaum erwähnenswerte Arbeit nennt man „Pütscherkram" (plattdt. Püttjerkraam) und einen Pedanten „Pütjerklaas".

Putt Es gibt viele Wortbildungen mit dem Element „Putt", dessen Grundbedeutung „Topf" ist und das damit ein ganz altes Gerät aus dem Haushalt bezeichnet. Verbreitet ist es in den Sprachen um die Nordsee herum (engl., fries. pot). Ob nun aus Metall oder Lehm, ob gedreht, gegossen oder geschmiedet: Der Putt begleitet

den Menschen durch die Jahrtausende. Wenn jemand mit → *Pütt un Pann'* unterwegs ist, dann hat er seinen ganzen Hausstand bei sich. Die genannten Begriffe sind Ausdruck des plattdeutschen Alltags. Auch die Liebe wird gern mit dem Putt symbolisiert: „Dat is een Putt un een Pann (Pfanne) mit de beiden" (Sie sind ein Herz und eine Seele). Und es kann auch Personen charakterisieren: „Se kann lachen un wenen in een Putt" (Sie kann zugleich lachen und weinen). Putt ist der Gegenstand, der allen bekannt ist und deswegen für Assoziationen aller Art dienen kann. Das sagt auch der resignierende Satz: „Wenn't Glück regent, sünd mien Pütt ümstölpt" (Wenn es Glück regnet, sind meine Töpfe umgestülpt).

Pütt un Pann' Nach 1945 kamen die Flüchtlinge mit „Pütt un Pann'" (wörtlich: mit Töpfen und Pfannen), also mit „Kind und Kegel" zu uns – mit allem, was sie hatten. Das ist ein geflügeltes Wort geblieben.

Queek Quecke mögen alle Gärtner und Landwirte am wenigsten, weil dies Unkraut den Boden schnell (quick) durchwurzelt. Das bedeutet im Plattdeutschen „lebendig, frisch, munter". Es ist im Ortsnamen Quickborn zu finden („lebendiger Brunnen"), auch im bekanntesten Werk des niederdeutschen Dichters *Klaus* → *Groth*, dem „Quickborn". Ein fauler Bauer wird „Queekbuur" genannt, er hat keinen Erfolg bei der Beseitigung der Quecke gezeigt. „Dat queekt na alle Sieden" (Das breitet sich nach allen Seiten aus), auch im übertragenen Sinne.

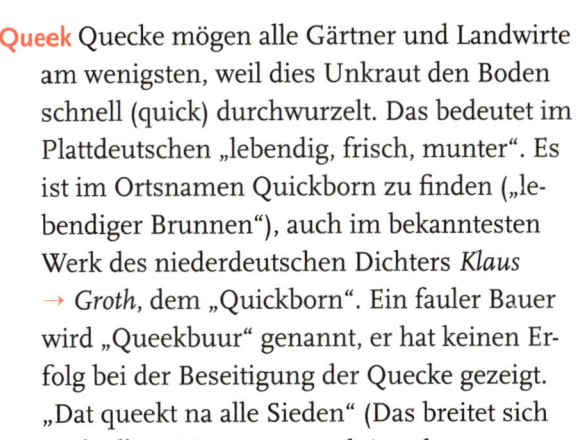

R

Rachuller, rachullen Ein nach dem Kriege, bedingt durch den Flüchtlingsstrom in unser Land, häufig gehörtes Wort war „Rachuller". Neben „Marjell" und „Lorbaß" hat dieses Wort für das ostpreußische Platt eine nicht zu unterschätzende Signalwirkung. Im „Preußischen Wörterbuch", bearbeitet von Dr. Reinhard Goltz, finden wir eine Reihe von Ableitungen und Formen zu „Rachull". In der Grundbedeutung steht es für Geiz (→ *Giezhals*) und Gier. „Dat öß e richtger Hans nömm alles, e Rachuller" (Das ist ein richtiger Hans-nimm-alles, ein Rachuller), heißt es über einen habgierigen, raffgierigen Menschen. Das Verb „rachullen" meint „habgierig zusammenraffen, übertrieben sparsam, geizig sein". Dazu gibt es auch das entsprechende Adjektiv „rachullerig", „rachullsch".

Rasmus Damit bezeichnet man eine Frau, die die Hosen an und Haare auf den Zähnen hat, die weiß, was sie will, die reichlich forsch, arbeitswütig und herrschsüchtig ist und sich nicht die Butter vom Brot nehmen lässt: „Dat is so'n richtigen Rasmus." Der Ursprung dieses Begriffes ist nicht auszumachen.

Redder Vielfach begegnet man in Schleswig-Holstein dem Begriff „Redder". So gibt es in Eckernförde eine Straße mit Namen Bystedtredder, in Holzbunge Richtung Rendsburg das „Redderhuus" und in vielen anderen Orten, meistens am Ortsrand, Straßenbezeichnungen wie „Am Redder". In weiten Teilen unserer schleswig-holsteinischen Landschaft gibt es → *Knicks* und Wallhecken. Das sind halb natürliche Ökosysteme, in denen bis zu 7000 Tierarten, die meisten wirbellos, leben. Als „Redder" bezeichnet man Doppelknicks, die einen besonders hohen Ökowert haben. Hier brüten zum Beispiel bis zu sechs Mal mehr Vögel als in einfachen Knicks. In Otto Mensings Schleswig-Holsteinischem Wörterbuch finden wir für „Redder" auch die Erklärung „enger Feldweg zwischen Knicks".

Reff Wie viele seemännische Wörter ist „Reff" mit dem englischen und niederländischen „reef" verwandt. Aus dem Niederdeutschen gelangte es in die hochdeutsche Sprache. Es bezeichnet die Vorrichtungen an den Segeln, durch die man die Segelfläche je nach Windstärke durch Zusammenziehen und -binden verkleinern kann. Reffs sind die rippenartigen (Rippe und Reff gehören zur gleichen Wortfamilie) Verstärkungen in den Segeln, an denen Bändsel und Ringe befestigt sind.

Reper/Reepschläger „Reep" ist die niederdeutsche Bezeichnung für das Seil, das Tau, das vom Reper oder Reepschläger auf der Reeperbahn gedreht wurde. Wegen der Länge der Drehbahn der Seiler wurden oft ganze Straßen nach diesem Handwerk benannt. Das Seil wurde sogar zum Messen von Ackerlängen benutzt, man verwendete das Reepmaat

maß). Und eine Eigenart des Handwerks
e sprichwörtlich: „De Kreft un de Reep-
er loopt trüchwarts" (Der Krebs und der
hläger laufen rückwärts).

Riebeln „Dat is een för de Riebeln." Der Spruch
bedeutet wörtlich: „Das ist eine für die Johannisbeeren" und umschreibt eine besonders
hässliche, meist weibliche Person, die man als
Vogelscheuche bei den roten Johannisbeeren
hinstellen könnte, um die Vögel zu vertreiben.
„Riebel" wird die Johannisbeere im Raum
Husum und Eiderstedt genannt.

Riestüten „Kriggst en an de Riestüten!" Gemeint
ist: „Du bekommst eine Ohrfeige." Mit „Riestüten" sind nun aber weder Reis- noch Riesen-
tüten gemeint. Es sind die Ohren, die wie
Zweige (Ries, Reisig) vom Kopf abstehen –
eine von vielen sehr anschaulichen Metaphern
in der plattdeutschen Sprache.

Riev(f) „Wees man nich so riev" (Sei mal nicht so
üppig), sagte Oma, nahm Opa die dicke,
„gute" Butter vom Brot und strich ihm statt-
dessen Margarine darauf. „Dat deit dat ok"
(Das tut es auch), sagte sie und meinte, das
müsse wohl genügen. „Riev sein" heißt, mit
einer Sache verschwenderisch umzugehen. Im
englischen „rife" (reichlich) und dänischen
„riv" (freigebig) haben wir die entsprechenden
Synonyme.

Ringreiten (Ringrieden) Das Ringreiten war
ein allgemeines Volksfest für Jung und
Seinen Ursprung hatte es in den antik
terspielen. Als Brauchtum wird es heute noc
auf den Dörfern und den Nordfriesischen Inseln, besonders auf Föhr, um die Pfingstzeit
gepflegt. Dafür wird eigens ein Festplatz her-
gerichtet mit einem Gerüst in der Mitte, von

Der Ringreiter versucht mit seiner Lanze den Ring zu treffen
und aus seiner Halterung zu reißen.

dem ein Seil oder eine dünne Latte mit einem
Ring herunterhängt. Die Reiter müssen nun
versuchen, diesen Ring (22 Millimeter Durchmesser) mit einer Lanze (50 bis 160 Zentimeter lang) aufzuspießen. König wird am Ende
der Reiter mit den meisten Ringen. Als
Königsschmuck erhält er eine seidene Schärpe
und trägt auf der linken Brust seinen Sieger-
preis, einen silbernen Löffel. Im Anschluss an
dieses reitersportliche Spektakel geht es mit
Musik durch das Dorf. Derjenige, der vom
Pferd gefallen ist, heißt „Sandrieder" (Sand-

reiter). Die größten Ringreiterfeste gibt es allerdings bei unseren Nachbarn im südlichen Dänemark. In der Hafenstadt Aabenraa (Apenrade) kämpfen in den Monaten April und Mai teilweise bis zu tausend Teilnehmer um die Königswürde.

Ripen (dän. Ribe) Dieser Ort ist eine der ältesten Städte Dänemarks und liegt im Südwesten Jütlands an der Nordseeküste. Besonders bekannt geworden ist er durch den Vertrag von Ripen („Dat se bliven ewich tosamende ungedelt" – Dass sie auf ewig ungeteilt bleiben). Es ist gut vorstellbar, dass man diesen Spruch jedem Hochzeitspaar mit auf den künftigen gemeinsamen Lebensweg geben sollte. Nun, es handelt sich hierbei um einen bedeutenden Satz aus der Urkundenrolle des Ripener Vertrages vom 5. März 1460. Der Grundgedanke, der hierin ausgesprochen worden ist, war, dass die beiden Herzogtümer Schleswig und Holstein niemals getrennt und nur als Personalunion mit dem Königreich Dänemark verbunden werden sollten. Gut 400 Jahre hatte diese Forderung Bestand. Endgültig – nach dem Krieg zwischen Preußen und Österreich und der Niederlage Österreichs 1866 bei Königgrätz – wurden die Herzogtümer zunächst Preußen und dann 1871 dem neu gegründeten Deutschen Reich einverleibt.

13.11.24 Johann ...

Rode Grütt Fruchtsaft oder ganze Früchte werden mit Zucker zum Kochen gebracht und angedickt. Nach dem Erkalten wird die „Rote Grütze" mit Milch oder Sahne gegessen. Ein wohlschmeckender Nachtisch, zu dem Hermann Claudius (1878–1980), Urenkel von Matthias Claudius, dieses Gedicht geschrieben hat:

Rodegrütt, Rodegrütt!
Kiek mal, wat lütt Hein hüüt itt!
All'ns rundüm hett he vergeten.
Rodegrütt! Dat is en Eten,
Rodegrütt!

In de School, de letzte Stünn
kunn he sik op nix besinn'n.
Un in't Bookstabeern un Lesen
is he lang so dumm nich wesen.
Man he keem bi dat un dütt
jümmer mank sien Rodegrütt!

„Na, lütt Heini, noch en beten?"
Mudder hett hüüt veel to möten:
Hans un Hein un Stien un Greet
eet, as güng dat um de Wett –
Rodegrütt!

Leddig is de grote Grapen,
Greten ielt, em uttoschrapen.
Heini man, de lütte Deef,
höllt mit beide Hann'n den → *Sleef*.
Wat dor all'ns noch binnen sitt!
Rodegrütt!

Röter, rötern Wie oft fahren Erwachsene Kindern mit dem Ausruf: „Hältst du wohl deinen Röter!" über den Schnabel. „Röter" nannte man die Rassel oder Schnarre, mit der sich Nachtwächter früher anstelle eines Horns bemerkbar machten. In Hamburg hieß die Polizeiwache um 1850 im Volksmund „Rötel-wach". Wenn es irgendwo „röterte", dann rasselte, dann klirrte es. Daraus ist im über-tragenen Sinne „schwatzen, plaudern, sinn-loses Zeug reden" geworden („Se rötert as en Kaffeemöhl, Pepermöhl, Ketelflicker" – Sie rötert wie eine Kaffeemühle, eine Pfeffer-mühle, ein Kesselflicker). Manchmal steht dafür auch „snötern" (plattdt.) oder „schnö-tern" (hochdt.).

Roter Haubarg Wie das heute weiße Haus mit braunem Reetdach (→ *Dack*) in Witzwort auf Eiderstedt zu seinem Namen kam, ist nicht ganz klar. Wahrscheinlich war es zunächst mit

Der Rote Haubarg auf Eiderstedt

roten Ziegeln gedeckt, und das Mauerwerk war noch unverputzt. „Haubarge" nennt man die besonders stattlichen Bauernhäuser, die es fast nur auf der Halbinsel Eiderstedt gibt. Unter ihren imposanten Dächern wurde das Heu (plattdt. „Hau") für die Fütterung des Viehs im Winter gelagert. Das plattdeutsche Wort „Barg" bedeutet „Berg".

Rükelbusch Damit meint man im Plattdeutschen einen Strauß duftender Blumen. Wenn es sich um „Rükels" handelt, sind damit wohlriechende Kräuter gemeint, die man ins Zimmer hängt oder in den Kleiderschrank (Schapp) legt. Siehe → *Schapptüüch.*

Rüm hart – klaar kiming An der Anlegestelle der Börteboote (hochseetaugliche → *Boote* zum Ausschiffen der ankommenden und abfahrenden Passagiere) auf Helgoland verweilt das Auge des Besuchers für einen Augenblick auf dem Spruch: „Rüm hart – klaar kiming (kimmen)". Dieser Sinnspruch soll ihm zu verstehen geben, dass hier Menschen mit einem weiten Herzen und einem klaren Horizont (Weitblick) wohnen. Das sagt man den Bewohnern der Nordfriesischen Inseln nach, die sich besonders durch Aufgeschlossenheit, Liebe zu Kindern und zur Natur auszeichnen. Ursprünglich ist dieses Leitwort den welterfahrenen Kapitänen von den Nordfriesischen Inseln und den → *Halligen* zugeschrieben worden.

pott heißt der mit einer Schweinsblase rzogene Topf, in dem ein Stock befestigt ist mit dem man durch Reiben einen brummenden Ton erzeugen kann. Dieses Musikinstrument wurde beim Rummelpottlaufen

Tradition vergangener Zeiten: Rummelpottlaufen an Silvester

benutzt, einem in Norddeutschland und Dänemark verbreiteten Silvesterbrauch, bei dem verkleidete Kinder von Haus zu Haus ziehen, Rummelpottlieder singen und Lebensmittel, heute Süßigkeiten und Geld heischen (erbitten). Der Brauch geht auf andere mittelalterliche Umzüge von Schülern zurück, den Sternsingern, die sich so ein Zubrot im Winter verschafften. Heute ist das Rummelpottlaufen an vielen Orten durch Halloween abgelöst worden. Eines der Rummelpottlieder lautet so:

„Rummel, rummel rutsche,
geev mi noch een Futsche,
laat mi nich so lang stahn,
ik mutt noch en beten wiedergahn."

(Rummel, rummel rutsche,
gebt mir noch ein Futsche,
lasst mich nicht so lange stehn,
ich muss noch ein bisschen weitergehn.)

Siehe auch → *Futjes, Futtjen, Futsche.*

Rundstück warm Dieses Gericht durfte, vor allem
auf dem Lande, bei keinem Feuerwehr- oder
→ *Ringreiter*-Ball fehlen. Schnell zubereitet,
stellte es den durch Tanzen und Trinken her-
vorgerufenen Appetit auf schmackhafte Art
und Weise zufrieden. Ein „Rundstück", heute
Brötchen, war ein rundes Gebäck aus Weizenmehl, Milch, Hefe und Salz. Bei einem „Rundstück warm" wird dieses „Rundstück" in zwei
Hälften geschnitten und mit Braten und Bra-
tensoße (→ *Schü*) serviert. Zum Rundstück
gibt es viele Redensarten, so auch diesen
scherzhaften Gutenachtgruß: „Slaap Rundstücken, kannst morgen to'n Kaffe eten"
(Träum von Rundstücken, die kannst du dann
morgen zum Kaffee essen).

Rutenut spelen Dieser Ausdruck ist dem Kartenspiel entnommen und bedeutete ursprünglich
„Karo ausspielen" (Ruut = Raute). Bei der Aufforderung, eine solche auszuspielen, heißt es
dann: „Ruten ut." Unter einem „Rutenutspe-
ler" wird auch heute noch im Plattdeutschen
ein Mensch verstanden, der ein wildes Leben
führt, ein Radaumacher und Verschwender ist.

…adelt „Hi rat ei de dai, diar'er saadelt" (Er reitet nicht an dem Tag, an dem er sattelt). Das sagt man auf der Insel Föhr über Menschen, bei denen alles etwas länger dauert.

Salamander-Gäste In den 1950er- und 1960er-Jahren war dies in St. Peter-Ording (Eiderstedt) eine gängige Bezeichnung für Tagesgäste, die ihre Verpflegung quasi im Schuhkarton (Salamander-Schuhe) mitbrachten und am Ort keinen Umsatz machten. Deshalb waren sie damals nicht sehr beliebt.

Sand In Verbindung mit Sand gibt es zahlreiche Redewendungen – im Hochdeutschen wie im Plattdeutschen. Wenn etwas nicht so läuft, wie es sollte, ist „Sand im Getriebe". Will man jemanden täuschen, „streut man ihm Sand in die Augen". Und wenn Speisen auf den sandigen Boden gefallen sind, erfolgt im Plattdeutschen häufig die Aufforderung: „Böhr man op, 'n beten Sand schüert de Maag" (Heb' man auf, ein bisschen Sand scheuert den Magen). Dieser Spruch gilt übrigens für den Verzehr aller Speisen, die offensichtlich Fremdkörper in sich bergen.

Sänger „Du Sänger!" So werden in Schleswig-Holstein gern Leute mit einem losen Mundwerk abqualifiziert. Wer eine große Klappe hat, große Töne spuckt, der muss sich oft diesen Spruch anhören.

chanfudern Mit diesem Ausdruck
. foudre = Donnerschlag) wurden häu-
.impfende, keifende Frauenzimmer in
.ndung gebracht. „Laat dat Schanfudern"
s' das Schanfudern) ist ein Beispiel aus
Ditnmarschen.

Schapptüüch Gemeint ist damit die gute Sonn-
tagskleidung. „Tüüch" ist Zeug, Kleidung.
Mit „Schapp" bezeichnete man früher einen
besonders großen, reich mit Schnitzwerk ge-
schmückten Kleiderschrank, in dem Fest-
kleidung aufbewahrt wurde. Im Volksmund
sagte man aber auch in bestimmten Gegenden
wie zum Beispiel in Angeln: „He sitt in't
Schapp" (Er sitzt im Gefängnis). Das sollte
man nun immer auseinanderhalten können.

Scharntüter Zunächst ist mit diesem zusammen-
gesetzten Nomen das am Wegesrand blü-
hende Kälberkraut (auch Wild-Kälberkropf,
Wiesenkerbel, botan. Anthriscus sylvestris) gemeint. „Scharn" heißt „Mist" und findet sich
in vielen Zusammensetzungen wieder. So versteht man unter einem „scharnschen" Menschen einen niederträchtigen. In bestimmten
Gegenden warf man schlechte Kartoffeln,
die„Scharnbürgen", auf den Misthaufen. Zu
„Tüter" siehe → *Tüüt*.

scharwenzeln Es macht einen Menschen kribbelig,
nervös, wenn ständig jemand um ihn „herum-
scharwenzelt", von ihm etwas will. Dieses

immer noch viel verbreitete Wort geht auf das Kartenspiel „Scharwenzel" oder „Scherwenzel" zurück. In Neumünster gab es im 19. Jahrhundert in einer Bruderschaft, die sich durch bestimmte Regularien organisierte, ein „Scharwenzelamt". So wurden kleine Versehen mit Geldstrafen belegt, wenn zum Beispiel jemand beim Betreten eines Raumes den Hut aufhatte. Die Vielzahl von Regelverstößen führte dazu, dass ständig jemand um einen „herumscharwenzelte", der Verstöße zu ahnden hatte. Das Herumscharwenzeln hat stets einen servilen Charakter, man führt es u. a. auch auf das italienische „servente" (Diener) zurück und meint damit die unterwürfige Verbeugung.

schicken, Schick Das Verb „schicken" hat eine vielfältige Bedeutung. Jemanden irgendwohin schicken ist die am häufigsten anzutreffende und soll hier nicht weiter erörtert werden. Seltener, aber immer noch in unserem Sprachschatz vorhanden ist die Formulierung: „Das schickt sich nicht" (Das gehört sich nicht, das tut man nicht). Im Plattdeutschen ist es gleichlautend: „Dat schickt sik nich." Hat etwas seinen Schick, hat es seine rechte Ordnung („De Snieder gifft den Antog en good Schick" – Der Schneider gibt dem Anzug guten Schick). Und wenn die Klugheit die Weisheit betrügt, so hat das Schick („Wenn de Klookheit de Wiesheit bedrüggt, so hett dat Schick"). Schließlich: „Wullt du di woll schicken!" (Willst du dich wohl schicken), ruft die Mutter ihrem Sprössling zu und meint, er solle auf der Stelle artig sein. Ein gut erzogenes Kind weiß eben, was sich schickt.

Und wenn jemand sich einen großen Vorrat an Winterspeck zugelegt hat, ist er „gut bei Schick".

Schiet „Wenn Schiet wat ward ..." Dieser Spruch heißt wörtlich übersetzt: „Wenn (aus) Scheiße etwas wird ..." und wird in Hattstedt, aber auch in allen anderen Landesteilen über Emporkömmlinge gesagt, die vergessen haben, woher sie einmal gekommen sind. Und wer beim Segeln nicht aufpasst, sitzt schnell „auf Schiet", also auf Grund (→ *Schwiegermutter*).

Schiet zupass sein Dieser Ausdruck wird immer dann benutzt, wenn es einem nicht besonders gut geht, man unpässlich ist. Diese Redensart ist vor allem in Flensburg und Angeln verbreitet.

Schlafittchen (Slafitten) Vermutlich ist dieses Wort auf „Fittje", „Fittken" (Flügel, Fischflosse) zurückzuführen. Gesichert ist das aber nicht. Wir kennen die häufig gebrauchte Wendung: „Dich krieg ich aber beim Schlafittchen." Hiermit soll ausgesagt werden: Dich erwische ich noch, dich kriege ich noch beim Wickel. Auch diese Redensart ist bekannt: „He wiest em vun achtern de Slafitten" (Er zeigt ihm den Hintern).

wig-Holstein-Allee In dem Fürstengarten hinter dem Schloss Gottorf in Schleswig haben vor einigen Jahren auf Initiative des Unternehmers Fielmann, einem gebürtigen Schleswig-Holsteiner, 150 Baumpaten je einen Baum gepflanzt. Die so entstandene Allee ist als „Schleswig-Holstein-Allee" bekannt geworden. Früher haben an dieser Stelle 150 Kaiserlinden gestanden.

Schooster un Schohmaker Dieser Beruf, der früher vielfach ausgeübt wurde, ist nicht mehr sehr verbreitet. Schuhe werden fast nur noch maschinell hergestellt; für viel Geld kann man aber auch noch handgemachtes Schuhwerk erwerben. Dem Schuster werden besondere Eigenschaften zugeschrieben; er gilt als Philosoph an der „Schoosterkugel" (einem mit Wasser gefüllten Glaskolben, der das Licht verstärkte), ihm wurden Theaterstücke und Opern gewidmet. Und dabei gilt: „De Schooster hett meisttieds dat leegste Foottüg" (Schuster haben meist die schlechtesten Schuhe). Sie vergessen über der Arbeit für andere häufig sich und die eigene Familie. Es gab Städte, in denen viele Schuster ansässig waren und die deshalb als „Schusterstädte" bezeichnet wurden, wie die Stadt Preetz im Ostholsteinischen und Barmstedt im Kreis Pinneberg.

Schottsche Karre (Kaar, plattdt.) Im Straßenbild, vor allem auf dem Lande, ist die Schottsche Karre seit Jahrzehnten nicht mehr zu sehen.

Es handelte sich hierbei um einen zweirädrigen Karren mit zwei Handläufen und eisenbereiften Holzrädern. An den Seiten gab es unterschiedlich hohe Aufsätze und hinten sowie nach vorn „Schotten" (Achter- un Vörschotten), also Querbretter, damit die zu transportierende Ware (häufig Kohlen) nicht hinunterfallen konnte. Die Schottsche Karre war jahrhundertelang vor allem für die sogenannten kleinen Leute ein beliebtes Transport- und Umzugsgefährt. „Schott", mittelniederdeutsch „schot", bedeutet „Riegel, abschotten, abriegeln". Da die Ladefläche der Schottschen Karre abgeschottet war, ist anzunehmen, dass sich ihr Name von diesem Begriff herleitet. Vielfach ist auch von einem Mann namens Schott die Rede, auf den dieser Name zurückgehen soll. Die erstere Erklärung scheint plausibler zu sein.

Schrangen Im Jahre 1595 entstand am Nordermarkt in Flensburg in der Sankt-Marien-Gemeinde eine offene Markthalle, in der Bäcker und Schlachter ihre Marktstände hatten. Diese Halle hieß, wie übrigens auch in Lübeck, Schrangen und war die Verbindung zwischen Kirche und Marktplatz, gebaut von dem Westfalen Laurenz Ubbing. Am südlichen Pfeiler der Schrangen befindet sich u. a. auch der Pranger mit Halseisen. Wir kennen alle den Ausdruck: Jemanden an den Pranger stellen (ihn öffentlich bloßstellen).

Schü Wenn auf dem Lande ein kräftiges Essen gereicht wird, gehört in der Regel eine Soßenschüssel mit „Schü" dazu. Das ist Tunke (Soße), vielfach Bratentunke. Das Wort hat seinen Ursprung im französischen „jus" (Saft, Brühe). Solche „Stippels", die dem Gericht beigegeben wurden, hießen „Stippfett" (zum Einstippen), „Schoostersoos" (Schustersoße, eine Siruptunke), „Judensoße" (eine weiße Tunke aus Mehl, Fett, Milch und Zwiebeln, obenauf Petersilie – im Plattdeutschen „Kruse Kruut" – zu Pellkartoffeln) sowie „Plummenstipp" (Pflaumentunke).

Schüffel „In de Schüffel gahn" (wörtlich: In die Schaufel gehen). Dieser Spruch bedeutet: Jetzt wird es Zeit, zum Spaten zu greifen. Er war ein gebräuchlicher Ausdruck der Gemüsebauern im Raum Glückstadt.

schulen Das Verb „schulen" hat mehrere Bedeutungen. Zunächst ist gemeint, „wenn sik elkeen (irgendjemand) achter en Busch, Boom oder Eck schuult", dass er hinter einem Busch, einem Baum oder einer Ecke Schutz sucht oder sich verbergen will. Auf Eiderstedt sagte man in Bezug auf eine schleichende Krankheit, „dat schuult ünner ehr, ünner em" (unter ihr, unter ihm). Schulen kann aber auch „schielen" oder „lauern" bedeuten (→ *schuulsch*). Es hat seinen Ursprung im mittelniederdeutschen „schulen" und niederländischen „schuilen". Im Friesischen finden wir auf Sylt die

Entsprechung „sküli" und auf Amrum „skülli". Kleine Schiffe und Boote, die sich abseits des großen Elbstroms vor Wind und Wetter schützen wollten, sind in der Au bei Wedel, einem fließenden Gewässer – größer als ein Bach und kleiner als ein Fluss –, vor Anker gegangen. In einem Bach ist das bekanntlich nicht möglich, auch wenn uns so manche Veröffentlichung das weismachen will. Der Ort Schulau ist danach benannt worden.

schuulsch „De Olsch kickt schuulsch." Der Satz wurde in Rendsburg dann gebraucht, wenn jemand, in diesem Fall eine Frau, verschlagen oder hinterhältig guckte. „Schuulsch" bedeutet aber auch „scheu" oder „verdrossen". Auch in anderen Landesteilen gebräuchlich. Siehe → *schulen*.

Schwiegermutter So bezeichneten Segler die rote Fahrwassertonne, die bis vor wenigen Jahren die flache Landzunge vor der Halbinsel Holnis in der Flensburger Förde markierte. Wer die „Schwiegermutter" schnitt und landseitig an ihr vorbeisegelte, saß in der Seemannssprache schnell „auf Schiet" – also auf Grund. 2009 wurde die Tonne durch einen Pfahl ersetzt. Sie ziert jetzt eine Kreuzung auf Holnis.

Sleef Auch heute noch muss in der Suppe und in der Grütze kräftig und anhaltend gerührt werden, damit sie nicht anbrennt. Hierzu braucht man einen großen Kochlöffel, einen hölzernen

„Sleef" (siehe das Gedicht → *Rode Grütt*). Umgangssprachlich meint man mit „Sleef" auch einen großen, ungehobelten, dummen, ungeschliffenen Menschen. Hierzu eine kleine Anekdote aus Otto Mensings Schleswig-Holsteinischem Wörterbuch von 1927: Ein Knecht fragt eine Kööksch (→ *Köökschengriepen*) mit einem Korb auf dem Arm: „Na, lütt Deern, schall ik mi en beten in dienen Korf setten?" „Ne", seggt se, „de Korf is baben vull Lepeln, dor passt keen Sleef mehr rin." („Na, Mädchen, soll ich mich ein bisschen in deinen Korb setzen?" „Nein", sagt sie, „der Korb ist voll mit Löffeln, da passt kein Sleef mehr rein.")

Sluntendriever „Du sühst ut as en Sluntendriever" (Du siehst aus wie ein Sluntentreiber). Mit dieser abfälligen Bemerkung ist ein schlecht oder armselig gekleideter Mensch gemeint. Unter „Slunten" versteht man abgerissene Fetzen Zeug, Lappen oder Lumpen, plattdeutsch auch „Plünnen". „Driever" kommt von „drieven" = treiben.

Smid (Smitt) Es sind die alten Handwerke, in denen vielfach noch Plattdeutsch gesprochen wird. Hier sind auch die meisten alten Fachwörter für Werkzeuge erhalten. Zu den ältesten Berufen gehört der Schmied, der bereits in der griechischen Sage als Hephaistos oder als Wieland der Schmied in der germanischen Sagenwelt erscheint. Der „Smid" stellt viele

Geräte für die Landwirtschaft, das Handwerk und Waffen für die Krieger her. Dazu benötigt er u. a. einen Ambolt (Amboss), Handtangen (Handzangen, → *Tang*), Vörhamer (Vorschlag-hammer), Fuusthamer (Fausthammer) und eine Fürspiet (Löschstange).

Sood In einem der bekanntesten Gedichte von *Klaus* → *Groth*, „Min Jehann", wird er erwähnt in der eigenwilligen Schreibweise des Dich-ters: „Wi seten op den Steen, Jehann. Weest noch? bi Nawers Sot" (Wir saßen auf dem Stein, Johann. Weißt du noch? bei Nachbars Brunnen). Im Plattdeutschen gibt es zwei Be-griffe für Brunnen: „Sood" (Schreibung Men-sing) und „Born". Zwar sind die Bedeutungen nicht scharf abgegrenzt, beides kann „Quelle" bedeuten, aber der Born ist im Vergleich zum Sood oft eingefasst. Der Sood hat meist einen hölzernen Deckel, denn man fürchtete die Ge-fahr für Kinder sehr: „Wenn dat Kind is dood, deckt man to de Sood" (Wenn das Kind tot ist, deckt man den Brunnen zu, also: „Das Kind ist in den Brunnen gefallen").

Sottje „Da habe ich mal wieder Sott gehabt!", sagen immer noch viele Schleswig-Holsteiner, wenn etwas Unangenehmes an ihnen vorüber-gegangen ist, wenn sie mal wieder Glück ge-habt haben. Dieser Ausspruch steht in Verbin-dung mit dem „Sottje", dem Schornsteinfeger, der ja bekanntlich volkstümlich als Glücks-bringer bezeichnet wird. Mit „Sott" ist Ruß gemeint, das Wort hat seinen Ursprung im mittelhochdeutschen „sôt" (engl. soot, dän. sod, fries. söt). Aber auch einen Schmutzfinken nennt man einen „Sottje", und das ist dann abwertend gemeint.

Spökenkieker „Er ist recht so'n Spökenkieker", sagt man ein wenig verächtlich über jemanden, der gern das „Blaue vom Himmel" herunterflunkert. Ursprünglich verband man mit diesem Begriff einen Menschen, der die Gabe des zweiten Gesichts hatte (kieken = sehen), einen Hellseher, in der femininen Form „Spökenkiekersch". „Spök" heißt im Hochdeutschen „Spuk, Gespenst", abgeleitet vom mittelniederdeutschen „spoek" (engl. spook, dän. spög). Wenn es um Spuk und Ulk geht, fällt in diesem Zusammenhang häufig der Begriff „Spijöök". „Maak doch keen Spijöök" (Treib doch keinen Schabernack).

stacken Das ist eine Tätigkeit, die besagt, dass ein Feld eingezäunt wird, zumeist mit einem Lattenzaun (Staket). In diesem Wort ist das mittelniederdeutsche „stak" enthalten. Als Synonym wird auch das Verb „ricken" verwendet.

Staffüt Dieses Schimpfwort leitet sich ab von „stafferen" (malen, putzen). „Se staffeert sik ut as'n Kattuul", sie ist närrisch, geschmacklos gekleidet, hat Ähnlichkeit mit einer Eule, heißt es von einer auffällig gekleideten Person.

Stoofkartoffeln Das sind klein geschnittene Pellkartoffeln, die in Milch aufgekocht und mit
Salz und Pfeffer abgeschmeckt werden. In
Flensburg hieß es früher: „De Deern harr sik
bannig opstooft" (Das Mädchen hatte sich auffällig zurechtgemacht).

strömern, Strömer Kinder, besonders Jungen, die
sich häufig über längere Zeit von Zuhause entfernen, sich womöglich herumtreiben, nennt
man gern mit einem sanften Scheltwort, gelegentlich auch als Kosewort: „Na, du Strömer."
So mancher sagt auch „Strolch". „Strömern"
war früher auch ein Synonym für betteln und
hausieren.

Stuten Bei „Stuten" denken wir nicht an → *Pferde*,
sondern an Weißbrot, ein Brot aus Weizen-
mehl, auch „Feinbrot" oder „Fienbrot" ge-
nannt, im Gegensatz zum Schwarzbrot.
Besonders lecker ist der bunte Stuten, der aus
Weizenmehl, Milch (→ *Melk*), Eiern, Butter,
Korinthen und Rosinen hergestellt wird. Ein
Spruch, der im Zusammenhang mit dem Stu-
ten immer wieder fällt, ist dieser: „Dat is
Sünn, Bäckerskinner Stuten to geven" (Es ist
Sünde, Bäckerskindern Stuten zu geben).
Siehe auch → *Bäcker* und → *Klöben*.

Sünde Bei traditionellen Veranstaltungen wie dem
→ *Ringreiter*fest kann es vorkommen, dass der
Reiter nicht nur den Ring mehrfach verfehlt
hat, sondern am Ende auch noch vom → *Pferd*

gestürzt ist. Dann kann es zu Äußerungen wie: „Ooch, Sünde! De arme Stackel!" kommen. Das drückt dann tiefstes Mitleid mit dem Armen aus – von dänisch „synd" = schade.

süseln „Nu mutt ik aver gau na Huus to süseln" (Nun muss ich aber schnell nach Hause, ich muss noch meine Wohnung durchsüseln). Mit „süseln" ist gemeint, es müsse im Haus noch allerhand Arbeit verrichtet werden. Dieser Ausdruck ist im Kreis Schleswig-Flensburg geläufig, in Holstein nicht.

Swattsuur (Schwarzsauer) Hierbei handelt es sich um ein Gericht, das aus Pfoten, Ohren, Schnauze und Bauchspeck vom Schwein besteht und in Essig gekocht und mit Blut versetzt wird (vor allem in Dithmarschen, Nordfriesland und Ostholstein). Heute wird dieses Gericht nur noch vereinzelt aufgetischt.

Swien Schweinefleisch ist seit Jahrhunderten ein wesentliches Produkt der Landwirtschaft. „Söög un Ewer sorgt för Farken" (Sau und Eber sorgen für Ferkel). Wie im Hochdeutschen hat sich eine besondere Bildlichkeit im Vergleich zwischen menschlichem und tierischem Verhalten entwickelt. Die Kleinräumigkeit der plattdeutschen Mundarten hat aber dazu beigetragen, dass sich sehr viele Sprichwörter und Redensarten um das Schwein, das für die Ernährung so wichtig war und ist, gebildet haben. „Wat en goot Swien is, fritt allens" (Ein gutes Schwein frisst alles). Dieser Spruch gilt auch für Menschen, die kein Essen stehen lassen. „Vun en Swien kannst ni mehr verlangen as Specksieden" (Von einem Schwein kannst du nicht mehr verlangen als Speckseiten = jeder kann nur das geben, was in seinen Möglichkeiten liegt). Bekannt ist auch der Satz, den man zu Leuten sagt, die einen unberechtigt duzen: „Wi hebbt noch keen Swien tosamen höödt" (Wir haben noch keine Schweine zusammen gehütet). Und wenn man jemanden ganz niedermachen will, sagt man: „He is so dumm, dat em de Swien biet" (Er ist so dumm, dass ihn die Schweine beißen). Ein überaus schlauer Mensch wird auch als „swienplietsch" bezeichnet (siehe → *plietsch un pesen*).

Sylter Klapperstorch (Austernfischer) Er sieht dem Storch, dem Adebar, sehr ähnlich, aber er ist viel kleiner: der Austernfischer, auch „Strandelster", „Strandheister", in der Kieler Bucht „Haffheister" und auf Eiderstedt → *Schooster* genannt. Er kommt an beiden Küsten, aber auch im Binnenland vor und brütet und überwintert bei uns. Die Ornithologen stellen besorgt fest, dass die Bestände zurückgehen.

Tang (Zange) Die Zange ist nicht nur bei allen Handwerkern, sondern auch in allen Haushalten zu finden. Man muss nur einmal in ein gut ausgestattetes volkskundliches Museum gehen, um dort die unglaubliche Funktions- und damit Formenvielfalt geschmiedeter Zangen kennenzulernen: Bögtang (Biegezange), Fürtang (Feuerzange), Geettang (Gießzange). Von den großen Handtangen (Handzangen) des Schmieds über die Kugeltang, mit der die Feldschere (Militärärzte) bis ins 18. und 19. Jahrhundert die Kugeln bei den verwundeten Soldaten entfernten, bis zur feinmechanischen Uhrmakertang (Uhrmacherzange) erstrecken sich die vielfältigen Möglichkeiten, dieses Werkzeug zu handhaben.

Tante Meier steht für das „stille Örtchen". Vor allem die vornehmen Damen des vorletzten Jahrhunderts bedienten sich bei ihren Kaffeekränzchen dieses Ausdrucks, wenn sie ein menschliches Rühren spürten und sich kurz mit „Ich geh' mal eben zu (nach) Tante Meier" verabschiedeten. Man genierte sich, den Grund der Abwesenheit direkt zu benennen, und wählte dieses geflügelte Wort. Das „Ziel der Begierde" war häufig nur über dunkle Flure und Hinterhöfe zu erreichen und befand sich meist in Bretterhäuschen mit dem ausgeschnittenen Herzchen an der Türseite. Der Ursprung dieses Namens ist nicht belegt. So manche Erklärung weist auf die französische Besatzungszeit unter Napoleon Bonaparte hin. Zwei mehr

anekdotische zielen auf die Begriffe „
schafts-" und „bestes Zelt" ab: „tente ı
tantmajör" und „tente meilleur – tantı
Diese Wörter, schnell hintereinander g
chen, sollen das Wort „Tante Meier" er̪ ̪ ̪ .
Man to, versöök dat man mol! (Man zu, versuch das nur mal).

Tau für Schnur und Strick ist kein ursprünglich
hochdeutsches, sondern ein plattdeutsches
Wort, das sich auch im Niederländischen und
im Friesischen findet. Das Tau ist in vielen
Verbindungen vorhanden; mit dem Tauende
wurden früher Strafen an Bord vollzogen. Das
Wortpaar „Takel un Tau" bezeichnet die gesamte Takelage eines Schiffes.

Tedsche Wind (= Theodor Storm) Alteingesessene
Husumer besuchen gern die Theodor-Storm-
Büste im Schlosspark und sagen dann: „Ik gah
mal wedder na Tedsche Wind" (Ich geh mal
wieder zu Tedsche Wind). Theodor Storm
(1817–1888), in Husum geboren und in Hade-
marschen gestorben, ist vor allem durch seine
Novellen „Der Schimmelreiter", „Die Söhne
des Senators" und „Immensee" sowie durch
seine Lyrik bekannt geworden.
Thomas Mann schreibt über Theodor Storm:
„Es hat stürmische Lufterneuerungen, Revolu-
tionen gegeben in unserer Literatur, die seine
Früchte in die Vergessenheit gefegt haben. *Er*
ist ein Meister, er bleibt."

_pott In vielen Teilen Schleswig-Holsteins ist dies eine gebräuchliche Bezeichnung für einen „kleinen Dussel". Darunter wird ein ungeschickter Mensch verstanden.

Teepunschgrenze (Kömgrenze) Teepunsch gilt als nordfriesisches Nationalgetränk: blonder Tee mit Zucker und Köm (Kümmelschnaps). Nördlich der Arlau nimmt man gelben, südlich dagegen weißen Köm. Das quer durch Nordfriesland laufende Flüsschen wird deshalb auch „Teepunsch-" oder „Kömgrenze" genannt. Hier verlief die Grenze zwischen der Norder- und der Südergoesharde, die einst zwei Herrschaftsbereiche trennte, nämlich die des dänischen Königs und die des Gottorfer Herzogs (→ *Harden*).

Teer Damit ein Schiff schwimmen konnte, wurden die Hölzer mit Teer abgedichtet. Teer war auf allen Werften zu finden. Das Material wurde im Süden „Pech" genannt. Es war im ganzen Norden als unverzichtbares Schiffbaumaterial hoch geschätzt und wurde in allen nordischen Sprachen und auch in England, den Niederlanden und in Norddeutschland als „Tar", „Ter" oder „Teer" bezeichnet.

Tide(n) Der Urlauber an der Westküste weiß es, der Bewohner sowieso: Wenn das Nordseewasser kommt (steigt), gut alle sechs Stunden, spricht man von Flut, läuft es langsam wieder zurück (fällt), ebenfalls gut alle sechs Stunden, haben wir es mit Ebbe zu tun. Wie aber ist dieses Phänomen zu erklären? Tiden (Gezeiten) sind tägliche Schwankungen der Ozeane und ihrer Randmeere, hier der Nordsee. Diese Schwankungen wiederholen sich periodisch in einem Abstand von zwölfeinhalb Stunden. Ausgelöst werden sie durch die Gravitations- und Zentrifugalkräfte von Sonne, Mond und Erde. Etwa alle zwei Wochen stehen diese drei Himmelskörper in einer Reihe, dann kommt es zu einer Springtide, das heißt es kommt zu einem höher auflaufenden Hochwasser. Den Unterschied zwischen dem Scheitelpegel einer Flut und dem untersten Pegelstand einer Ebbe bezeichnet man als Tidenhub, der zum Beispiel in der Husumer Bucht im Mittel etwa drei Meter erreicht. In der Ostsee beträgt der Tidenhub nur wenige Zentimeter.

tieren „Nu tier di man nich so!" (Nun zier dich mal nicht so!), sagte die Mutter, wenn der Junge sich wieder mal nicht waschen lassen wollte. „Stell dich man nicht so an, hab' dich man nicht so!", meinte sie und ärgerte sich über sein Benehmen. Zugrunde liegt diesem Verb das mittelniederdeutsche „têren" (Art und Weise). Man bezeichnet damit jemanden, der sich affig, übermütig, großspurig benimmt. „Tiert sik as dull, unklook, aapsch, as → *mall*, as'n Rott in'e Keed" (führt sich auf wie toll, unsinnig, affig, wie verrückt, wie eine Ratte an der Kette).

Timmermann un Discher (Zimmermann und Tischler) Der eine ist zuständig für den Hausbau, etwa den Dachstuhl oder die Gauben, der andere zum Beispiel für die Möbel. Die beiden Berufe waren sich nicht immer „grün", die Tischler hielten die Zimmerleute für weniger genau in der Arbeit. Das unterstreicht die folgende Redensart: „Timmermannstoll is so wied as man mit en Äxt smieten kann" (Das Zimmermannsmaß ist so lang, wie man mit einer Axt schmeißen kann). Eine andere: „Dat gifft Minschen un Timmerlüüd" (Es gibt Menschen und Zimmerleute). Ein glatter Rausschmiss war der Hinweis: „Dor hett de Timmermann dat Lock laten" (Da hat der Zimmermann das Loch gelassen).

Tist, Tiss, Tüss Wer wird sich nicht noch daran erinnern, dass man mit einer Sache in „Tist" gekommen ist, dass alles wie Kraut und Rüben durcheinandergeraten war und man am Ende keinen Durchblick mehr hatte. Wie oft hatte Mutter die Haare gerauft, wenn das Garn (Gaarn) oder das Wollknäuel (Kloon, Kluun) in „Tist" gekommen war und offenbar unentwirrbar vor ihr lag. Sie hatte es dennoch immer wieder geschafft, die alte Ordnung herzustellen. In einer Streitsache sagte man: „He hett dat allens noch mehr in Tist bröcht" (Er hat das alles noch mehr in Tist gebracht). Dieses Wort führt man auf das friesische „tîse" (zupfen, zerren) zurück, erstmals für Eiderstedt bezeugt. Aber auch in anderen Landesteilen ist

„Tist" gebräuchlich (hochdeutsch wie plattdeutsch).

Tittkalf „Dat flutscht as de Speut vun't Tittkalf"
(Das flutscht wie beim Durchfall eines noch
gesäugten Kalbes), sagt man in Hattstedt,
Nordfriesland, wenn einem etwas leicht von
der Hand geht.

Toss „En Toss" ist ein Tölpel, im Dänischen
„Tosse", ein Dummkopf. Sei nicht so „tossig",
sagt man zu jemandem, der sich tapsig, unbeholfen, ungeschickt und dumm anstellt. Ein
Synonym hierfür ist „tüffelig" (→ *Tüffel*).

Tote Tante ist ein beliebtes Getränk auf der Insel
Föhr. Es besteht aus Kakao mit Rum und Sah-
nehaube. Die Legende behauptet, dass eine
Tante von Föhr nach Amerika auswanderte.
Als sie starb, wollte sie gern in der Heimat be-
stattet werden. Doch die Überführung war zu

Soll Tote wieder zum Leben erwecken: die Tote Tante

teuer. So packte man sie kurzerhand in eine Kiste, mit der eine Kakao-Lieferung nach Föhr geschickt wurde. Dort bekam sie ein würdiges Begräbnis.

Tot geblieben „Jemand ist tot geblieben." Das ist eine Redensart in Schleswig-Holstein, die aus dem Plattdeutschen abgeleitet ist. „De is doot bleven" heißt wörtlich übersetzt: „Der ist tot geblieben" und bedeutet: Der ist gestorben, ist also jetzt tot. Gemeint ist das Sterben als Prozess und schließlich der Tod.

trech (zurecht) Schleswig-Holsteiner haben es nicht besonders eilig. Ihr Leitspruch ist: „Gut Ding will Weile haben, gemach, gemach." Oder auf Plattdeutsch: „Dat löppt sik allens trech, bloots de scheven → *Hacken* nich, de mööt na'n → *Schooster*" (Das läuft sich alles zurecht, nur die schiefen Hacken nicht, die müssen zum Schuster). Wenn man ihnen auch nicht unbedingt nachsagen kann, dass sie besonders gute Tänzer seien, so halten sie es doch, vor allem auf dem Lande, mit dem Grundsatz: „Laat di Tid is ok en Walzer" (Lass dir Zeit ist auch ein Walzer). Auch vernimmt man hier und dort gelegentlich den Hinweis: „Wokeen langsam löppt, de kümmt ok to Dörp" (Wer langsam läuft, kommt auch ins Dorf).

Trossen musste man → *fieren*, es handelt sich dabei um starke Schiffstaue, wie man sie

schon auf den Kraweelen (→ *Boot*) und Kog-
gen der Hanse kannte. Ins Hochdeutsche kam
der Begriff erst im 19. Jahrhundert. Dabei
wurde er auch auf stählerne Seile erweitert.
Die Ankertrosse (später ersetzt durch die Ankerkette) oder die Trosse zum Festmachen
sind die bekannten Formen dieser stärksten
Seile auf Schiffen.

Trungschäip Das Wort bedeutet auf Friesisch
„Angstschaf". So werden in der Gegend um
Niebüll Angsthasen genannt.

Trutz, blanke Hans ist ein geflügeltes Wort Nordfrieslands. Die → *Deichgrafen* sollen es übermütig der Nordsee zugerufen haben in dem
Sinn: Versuch doch, gegen unseren Deich an-
zustürmen, du ärmlicher Geselle (→ *Blanker
Hans*). *Detlev von* → *Liliencron* machte den
Ausruf mit seiner gleichnamigen Ballade bekannt und verknüpfte ihn mit dem 1362 zerstörten Rungholt.

Tüffel Dieser Begriff stammt aus dem mittelniederdeutschen „tuffele", verkürzt aus „pantuf-
fele". Tüffel (plattdt.) sind also zunächst
Pantoffeln, im Allgemeinen sind damit Holz-
pantoffeln (Holtentüffel) gemeint. Unzählige
Metaphern befassen sich mit dem Tüffel, vorwiegend im Sinne von „tüffelig" (langsam, unbeholfen, einfältig, ungeschickt). Offenbar zu
nichts zu gebrauchen ist ein „Tüffelachteihn",
ein besonders ungeschickter, trotteliger

Mensch. Aber es heißt auch: „Wenn di de Tüf-
feln ni passt, denn treck se ni an" (Wenn dir
die Pantoffeln nicht passen, dann zieh sie
nicht an = wenn du dich nicht schuldig fühlst,
brauchst du dich nicht getroffen zu fühlen).

Türken, einen bauen Bei der feierlichen Einwei-
hung des Kaiser-Wilhelm-Kanals (ab 1948
„Nord-Ostsee-Kanal") 1895 sollten die Schiffe
mit den Nationalhymnen der jeweiligen Ent-
sendeländer begrüßt werden. Als unerwartet
ein türkisches Schiff aufkreuzte, kamen die
Musiker in große Schwierigkeiten, denn sie
hatten hierfür keine Noten dabei, und so spielten sie einfach das bekannte deutsche Volks-
lied: „Guter Mond, du gehst so stille", in
Anspielung auf die türkische Halbmondfahne.
Seit dieser Zeit gibt es das geflügelte Wort
„einen Türken bauen", mit dem man ausdrücken will, dass eine Handlung unangemessen
erscheint (auch: „Etwas ist getürkt").

Tütelbüdel Mit dem Wort ist ein „kleiner Spinner"
gemeint, jemand, der gerne mal übertreibt.
Das spielt natürlich keine Rolle, wenn jemand
sich mal „einen angetütelt" hat (der Inlaut „t"
wird häufig wie „d" gesprochen und auch so
geschrieben) und hofft, dass ihn seine Ehe-
liebste in diesem Zustand ordentlich „betü-
telt". Siehe auch → *Tüüt*.

Tüünkraam „Dat is Tüünkraam" oder „Wat tünst
du dor wedder rum" (Was tünst du da wieder

rum), sagte die Oma zu ihrem Enkel und meinte damit, dass er dummes, ungereimtes Zeug rede. In dieser Bedeutung kennen wir das Wort im älteren Plattdeutschen erst ab ca. 1800 und finden es auch im „Pommerschen Wörterbuch" von 1781. Der Zusammenhang mit „tünen" (einzäunen) ist allerdings nicht belegt. Denkbar erscheint eine Verbindung zu dem Agrar- und Wirtschaftswissenschaftler Johann-Heinrich von Thünen (1783–1850), der versucht hat, den Bauern agrarische Neuerungen anzutragen, was die als „Thünkraam" ablehnten.

Tüüt (auch Tüter) „He is rein ut de Tüüt." Mit diesem Spruch ist keine Tüte gemeint, vielmehr der Strick, mit dem früher das Vieh „angetütert" (angebunden) wurde. Wenn es sich losgerissen hatte, war es außer Rand und Band, „rein ut de Tüüt". Verhedderte es sich dabei in dem Strick, war es „in Tütel kamen" (in den Tütel gekommen). Auf Menschen übertragen: Wer seine Gedanken nicht mehr beisammen hat, verbiestert ist, ist „tütelig", und „he snackt Tütelkraam", er redet Unsinn (→ *Tütelbüdel*). „Tüüt" (Tüter) heißen auch Vogelarten wie Regenpfeifer, Strandläufer und Schnepfen nach ihrem Schrei, der wie „tüüt" klingt.

Ulitz nennt man einen Menschen, der den Schalk im Nacken hat. Das ist bei uns eine geläufige Form, humorvolle und liebenswerte Menschen zu bezeichnen.

Uthlande, Utlande (Außenlande) nennt man das Gebiet westlich der nordfriesischen Geestkante mit Watten, Marschen, Inseln und Halligen. Die Bezeichnung findet sich erstmals im „Erdbuch" des dänischen Königs Waldemar II. von 1231.

Vertun Ist eine Angelegenheit eindeutig, und jemand will sich wortreich herausreden, macht man ihm unmissverständlich klar, dass es „kein Vertun" gebe. Das Verb „vertun" leitet sich aus dem plattdeutschen „verdoon" ab und bedeutet, dass man sich vertan, verrechnet habe.

vigeliensch Wenn etwas „vigeliensch" ist, dann meinen wir zunächst, es sei kompliziert, knifflig, verzwickt, merkwürdig oder verrückt, manchmal auch spaßig, lustig. Beim Kartenspiel heißt es auch: „Speel nich so vigeliensch" (Spiel nicht so hinterhältig). Das Stammwort ist „Vigelien" (Violine). Eine bekannte Redensart ist: „Dat speelt keen Vigelien" (Das spielt keine Rolle).

Vogelfluglinie Wenn die Greifvögel wie Habichte, Bussarde und Falken, aber auch die kleinen Singvögel aus dem fernen Nordrussland und dem etwas näheren Skandinavien den großen Vogelzug antreten, müssen sie auch ein Stück übers Wasser fliegen, und zwar von Rødby (Dänemark) über Puttgarden nach Großenbrode. Bei einer ersten großen Rast hat ein Vogelkundler auf dem Warder in Heiligenhafen einmal in sieben Stunden 5000 Bussarde gezählt. Diesen Weg über die Ostsee nennen wir „Vogelfluglinie", womit auch die Eisenbahnverbindung Hamburg–Fehmarn–Rødby–Kopenhagen gemeint ist.

Vogelkojen sind Anlagen zum Entenfang, insbesondere auf den Nordfriesischen Inseln. Sie wurden seit dem 18. Jahrhundert nach niederländischem Vorbild errichtet. Die Kojenwärter töten die Enten durch das „Gringeln", einen Genickbruch durch schnelles Halsumdrehen. Auf Föhr sind noch Vogelkojen in Betrieb.

Die in die Fanganlage getriebenen Enten verfingen sich in der „Pfeife" und wurden dann vom Kojenwärter „gegringelt", wie man das Halsumdrehen nannte.

Wahrappel Dies ist eine Bezeichnung für einen alternden Junggesellen. Früher hat man geerntete Äpfel länger aufbewahrt. Die gealterten Äpfel wurden „Wahrappeln" genannt, aufbewahrt (opwohrt) wie die Junggesellen.

Warft, Wurt Man kann sie zum Teil vom nordfriesischen Festland aus mit bloßem Auge sehen, vorausgesetzt, es herrscht kein Nebel: die Warften mit ihren Häusern auf den → *Halligen* Oland, Hooge, Gröde, Hamburger Hallig, Langeneß, Norderoog, Süderoog, Südfall und Nordstrandischmoor. Die Warften (auch Wurten) sind künstlich aufgeworfene Zufluchtsstätten, die es im Übrigen natürlich auch im gesamten Bereich der Nordseemarschen gibt. Sie sind aufgebaut wie ein Landesschutzdeich. Auf einer Sandschicht ist Kleierde aufgetragen worden, die einen festen Grasboden hat. Die Höhe richtet sich nach den Erfahrungen, die man mit den Sturmfluten gemacht hat, und beträgt zum Beispiel auf Hooge sechs Meter über NN (Normalnull).

Wat de Buur nich kennt, dat fritt he nicht „Was der Bauer nicht kennt, das frisst er nicht." Insbesondere Landwirten in Norddeutschland wird nachgesagt, dass sie zunächst alles Neue, Unbekannte ablehnen oder ihm zumindest mit einer sehr deutlichen Skepsis begegnen (→ *Tüünkraam*). Über Bauern – heute Landwirte – gibt es viele Vorurteile, die sich auch

durch besseres Wissen nicht gänzlich aus der Welt schaffen lassen, so zum Beispiel, dass sie mundfaul seien oder besonders zurückhaltend, was Essen anlangt, das sie nicht kennen. Weit gefehlt. Die Agrarier von heute sind redegewandt, weltoffen, unternehmungslustig und bestens informiert über die Qualität von Speisen, für die sie ja selbst die Grundnahrungsmittel liefern. Möglicherweise essen sie deshalb nicht alles, was bei ihnen auf den Tisch kommt.

Wat mutt, dat mutt! Diese typische schleswig-holsteinische Redensart wurde durch den früheren Ministerpräsidenten Björn Engholm bundesweit bekannt. Gemeint ist damit, dass eine Sache oder Angelegenheit unaufschiebbar ist. Auch Engholms Nachfolgerin im Amt, Heide Simonis, bediente sich dieses Ausspruchs, wenn sie sich volkstümlich gab.

Water, Mehl un Wehdaag Von einem Gericht, dessen Verzehr einem fast körperliche Schmerzen bereitet, weil es entweder keine oder aber eine übertriebene Geschmacksrichtung spüren lässt, spricht man im Kreis Schleswig-Flensburg als „Water, Mehl un Wehdaag" (Wasser, Mehl und Schmerzen). Sowohl im Plattdeutschen als auch im Hochdeutschen kann man auch diesen Spruch hören: „Dat smeckt nich na em un nich na ehr" (Das schmeckt nicht nach ihm und nicht nach ihr).

Weimar des Nordens (Gut Emkendorf) Dass die thüringische Stadt Weimar Ende des 18. Jahrhunderts und in den Folgejahren, nur knapp 6000 Seelen zählend, dank der großen Dichter und Denker wie Goethe, Schiller, Klopstock und Herder zum geistigen und kulturellen „Mekka" in Europa zählte, ist hinlänglich bekannt. Aber welcher Ort, welche Stadt in Schleswig-Holstein konnte sich mit diesem Juwel deutscher und europäischer Dichtkunst vergleichen? Nun, das war das Gut Emkendorf, westlich des Westensees gelegen, im Jahre 1795 vom Ehepaar Julia und Fritz von Reventlow im frühklassizistischen Stil umgebaut, wovon wertvolle Stuckaturen und Malereien des 18. Jahrhunderts ein beredtes Zeugnis ablegen. Größen aus Musik, Literatur und Politik sind hier ein und aus gegangen, was vor allem dem aufgeklärten Geist der Hausherrin Julia von Reventlow zu verdanken war.

Aber auch die Rosenstadt Eutin mit ihrem Schloss und dem wunderschönen Park durfte sich mit diesem Attribut schmücken. Um den Dichter und Übersetzer Johann Heinrich Voß sammelte sich ab 1776 ein Intellektuellen- und Künstlerkreis, 1786 wurde hier der „Freischütz"-Komponist Carl Maria von Weber geboren.

Wiensupp un Schink Die Weinsuppe ist eine süße Suppe mit Graupen, Rosinen, Pflaumen und Rotwein. Dazu wird gekochter Schinken auf Weißbrot gegessen. In einigen Gegenden gibt es statt Weißbrot → *Stoofkartoffeln* dazu.

Windbüdel Im nordfriesischen Dagebüll nennt man so jemanden einen Taugenichts, selbstverständlich auch in den anderen Landesteilen. Auf Hochdeutsch heißt er „Windbeutel", in Anlehnung an das gleichnamige Gebäck. Das hat, hergestellt nach dem Brandteig-Grundrezept, einen Hohlraum, der mit allerlei schmackhaften Füllungen angereichert werden kann. In seiner Grundform (Beutel) – innen Luft, außen aufgegangen – drängt sich das geflügelte Wort von einem „Windbeutel", einem Menschen, der mehr scheinen will als sein, also einem Taugenichts, geradezu auf.

Wipp, Wüpp (Wippe) Hiermit ist nicht die Wippe auf dem Kinderspielplatz gemeint, sondern die Kornähre. Der Spruch „Keen Pingsten ahn Wipp" bedeutet, dass es kein Pfingstfest gibt, ohne dass das Getreide die ersten Ähren gebildet hat. Eine andere Bedeutung erschließt sich aus der Redensart „He steiht op de Wipp" und meint, er ist auf dem Sprung fortzugehen, aber auch, er steht auf der Kippe, kurz vor dem Konkurs, vor dem Durchfallen bei einer Prüfung.

Wohr di Gard, de Buur de kummt „Sei auf der Hut, Garde, der Bauer kommt": Mit diesem Schlachtruf stürzte sich ein Häufchen wackerer Dithmarscher Bauern mit ihrem Anführer Wulf Isebrand im Februar 1500 auf eine gewaltige Übermacht verbündeter dänischer und holsteinischer Söldner und schlug sie vernichtend bei Hemmingstedt. Es war die „Schwarze Garde" des dänischen Königs Christian I. und Herzog Friedrichs, die bei schlechtem Wetter und unwegsamem Gelände diesem wütenden Ruf nicht standhalten konnte. So blieb Dithmarschen bis zum Jahre 1559 eine freie, sich selbst regierende Bauernrepublik.

In der „Letzten Fehde" 1559 konnten sie sich letztlich der militärischen Übermacht der vereinigten schleswig-holsteinischen Herzöge und des dänischen Königs mit ihren Heeren, die den Schlachtruf der Bauern in „Wohr di, Buur, de Gard de kummt" umwandelten, nicht erwehren.

wricken oder wriggen Damit meint man, dass ein → *Boot* mit nur einem Riemen (Ruder) angetrieben wird. „Wricken" oder „wriggen" heißt ursprünglich „hin- und herwackeln", „bewegen". Diese Fortbewegung war in den viel befahrenen Häfen sinnvoll, da man beim Wricken aufrecht stehen und in Fahrtrichtung sehen konnte, während man beim Rudern zum Heck des Bootes (gegen die Fahrtrichtung) blickte.

Dieser Begriff ist aus dem Plattdeutschen und Niederländischen ins Hochdeutsche übernommen worden.

zu Fuß geben Dass man im Leben nicht alles wörtlich nehmen darf, wird an dieser weit verbreiteten Redensart deutlich: „Das kannst du mir zu Fuß geben." Das sagt man zum Beispiel am gedeckten Tisch, wenn einem ein Stück Brot und nicht der ganze Korb gereicht werden soll.

Literaturhinweise

Der neue Sass – Plattdeutsches Wörterbuch, Wachholtz, Neumünster 2002

Duden – Etymologie, Dudenverlag, Mannheim u. a. 1963

Groth, Karl-Heinz: Quiz op Platt, Wachholtz, Neumünster 2004

Kluge, Friedrich: Etymologisches Wörterbuch der deutschen Sprache, De Gruyter, Berlin 1975

Kunz, Harry: Erinnerungsorte in Nordfriesland, Verlag Nordfriisk Instituut, Bräist/Bredstedt 2009

Kunz, Harry und Steensen, Thomas: Das neue Sylt Lexikon, Wachholtz, Neumünster 2007

Lindow, Wolfgang, Plattdeutsches-Hochdeutsches Wörterbuch, Schuster, Leer 1987 (3. Aufl.)

Mensing, Otto: Schleswig-Holsteinisches Wörterbuch, Band 1–5, Wachholtz, Neumünster 1927

Möller, Frerk: hoch un(d) platt – Vademekum Niederdeutsch (Schriften des Instituts für niederdeutsche Sprache, Reihe Dokumentation, Nr. 41), Leer 2011

Müllenhoff, Karl (Hrsg.): Sagen, Märchen und Lieder der Herzogthümer Schleswig, Holstein und Lauenburg, Schwerssche Buchhandlung, Kiel 1845

Nissen, Moritz Momme: De freske findling (friesische Sprichwörter), 10 Bände, Selbstverlag, Stedesand 1878–1883

Röhrig, Lutz, Das große Lexikon der sprichwörtlichen Redensarten, Wissenschaftliche Buchgesellschaft, Darmstadt 2001

Schleswig-Holstein Lexikon, Wachholtz, Neumünster 2000

Schmidt, Günther. A. J.: Neues Verzeichnis der Vögel Schleswig-Holsteins und seiner Nachbargebiete, Kiel 1970

Sprechen Sie Hamburgisch? Edition Hamburger Abendblatt, Hamburg 2010

Steensen, Thomas (Hrsg.): Das große Nord-
friesland-Buch, Ellert & Richter, Hamburg
2000

Steensen, Thomas: Heimat Nordfriesland. Ein
Kanon friesischer Kultur, Redaktion Harry
Kunz und Fiete Pingel, Verlag Nordfriisk Insti-
tuut, Bräist/Bredstedt 2011

Steensen, Thomas: Nordfriesland Quiz, Wachholtz, Neumünster 2007

Tilgner, Daniel: Kleines Lexikon Hamburger
Begriffe, Ellert & Richter, Hamburg 2009
(10. Aufl.)

Tucholsky, Kurt: Schloß Gripsholm, Rowohlt
1964 (Originalausgabe 1931)

Wasserzieher, Ernst: Woher? Ableitendes Wörterbuch der deutschen Sprache, Dümmler,
Bonn 1952

Wilts, Ommo: Friesisches Sprichwörterlexi-
kon, Band 1: Sprichwörter und Redensarten
der Bökingharde, Wachholtz, Neumünster
1992

Register

Im Register sind plattdeutsche und friesische Begriffe erfasst, für die es kein eigenes Stichwort gibt.

aapsch (affig) → tieren
abelsch (albern) → appeldwatsch
Abenkater (Ofenkater) → Bäcker
Achterdöör (Hintertür) → klönen; Klöntür
achter/achtern/achterste (hinter/hinten/hinterste) → kandidel; Schlafittchen; schulen
Achterschotten (hintere Schotten) → Schottsche Karre
Achtersen (Hintern) → Achtersteven; Liekdorn
af un an/af un dann/af un to → ab und an
afleggen (ablegen) → Aflegger
afrahmt (entrahmt) → Melk
all to nah (allzu nah) → Altona
Ambolt (Amboss) → Smid
anfaten (anfassen) → Faatdook
angahn → angehen
anholen (anhalten, dabeibleiben) → Anhalten tut kriegen
Ankerklüse (Ankerkette) → Klüsen

Ankertrosse → Trossen
Antog (Anzug) → schicken, Schick
antüteln (sich betrinken) → Tütelbüdel
antütern (anbinden) → Tüüt
Appel/Appeln (Apfel/Äpfel) → Apfrikosen;
    appeldwatsch; Göös; Wahrappel
Appelkoken (Apfelkuchen) → Bäcker
Appelsinen (Apfelsinen) → Apfrikosen
auf Schiet (auf Grund) → Schiet; Schwieger-
    mutter
baben (oben) → Bäcker; Sleef
Baddel (Haudegen) → Dösbaddel
Barg (Berg) → Haubarg
Bars (Barsch) → Fischerie
bedeelen (helgolandfries. unten) → Halunder
Bedelkoken (Bettelkuchen) → Bäcker
bedragen/bedrüggt (betrogen/betrügt) → Lee;
    schicken, Schick
Been (Bein) → hochbeeniget Wedder; Bang-
    büx; kandidel
begrasmardelt (betrogen) → begriesmulen
begrasmuult (betrogen) → begriesmulen
beker (fries. Bäcker) → Apteeker
Beleven (Beliebung) → Belem
benen (fries. innen) → büten
Bessen (Besen) → pük, püük
betüteln (bemuttern) → Tütelbüdel
bieten (beißen) → blaffen, anblaffen; grienen;
    Swien
binnen (drinnen) → Deerns, Jungs, Knechten;
    Rode Grütt
Binnerdeern → Deerns, Jungs, Knechten
Bloot (Blut) → Melk

Bögtang (Biegezange) → Tang

böhren (aufheben) → Sand

Bookwetenwelling (Buchweizengrütze)
→ Kindheitserinnerung

Boom (Baum) → schulen

Bootsmann → Boot

boppen (helgolandfries. oben) → Halunder

Born (Brunnen) → Queek; Sood

Börteboot → Rüm Hart – klaar kiming

Boßelbeer (Boßelbier) → Boßeln

Botter (Butter) → Bottermelk

Bottermelksfarv (Buttermilchfarbe) → Bottermelk

Brasch (lautes Gerede) → Brass

braschig (prahlerisch) → Braschbüdel

Bregen (Gehirn) → bregenklöterig

Brood (Brot) → Bäcker

brummelig → gnatschig

Büdel (Beutel) → Braschbüdel; Dröhnbüdel;
Gnadderbüdel; Haarbüdel; Fiete Iesbüdel;
Luurbüdel; Mehlbüdel; Prüünbüdel

Bug → Achtersteven

bullern (poltern) → Bullerballer

Bursprake → Belem

Büs → Fischerie

Busche (Schwein) → Buschedörp

Büßmelk (erste Milch nach dem Kalben)
→ Mehlbüdel; Melk

buten (draußen) → Deerns, Jungs, Knechten

Buterdeern → Deerns, Jungs, Knechten

Büttpedder (große Schuhe) → Bütt pedden

Büttskiep → Bütt pedden

Buur/Buurn (Bauer/Bauern) → Bottermelk;

Queek; Wat de Buur nich kennt ...; Wohr
di Gard ...

Buurnspröök (Bauernregeln) → April

Daak (Nebel) → Pullevördau

dakig (neblig) → Pullevördau

dampen (dampfen) → Backaben

Dat löppt sik allens trech → trech (zurecht)

Dat se bliven ewich tosamende ungedelt
→ Ripen

Dau (Tau) → Pullevördau

Deef (Dieb) → Habicht; Rode Grütt

Deenstjung (Lehrling) → Deerns, Jungs,
Knechten

Deern/Deerns (Mädchen) → Deerns, Jungs,
Knechten; eisch; Fisematenten; Göös;
Kenn; pük, püük; Sleef; Stoofkartoffeln

Dickmelk (Dickmilch) → Melk

diegen (gedeihen) → gediegen

Diek → Deich (Diek)

Ding (Volksversammlung) → Petritag

Discher (Tischler) → Timmermann un Discher

dood, doot (tot) → Sood

doot blieven (sterben) → tot geblieben

Dor nich för → Da nich für

Dörp (Dorf) → Buschedörp; trech

dörplögen (durchpflügen) → Ploog

Dös (Taumel, Schwindel) → Dösbaddel

Dösch (Dorsch) → Fischerie

Döschdamper (Dreschmaschine) → döschen

Döscher (Drescher; auch Krabbenpuler)
→ döschen; Krabben

Döschmaschien (Dreschmaschine) → döschen

dösig (dumm) → Dösbaddel

Döskopp (Dummkopf) → Dösbaddel

Dösmichel (Dummkopf) → Dösbaddel

drieven (treiben) → Drift; Sluntendriever

dröhnig (langweilig) → Dröhnbüdel

drömelig (unaufmerksam) → Dröhnbüdel

dull (toll) → blaffen, anblaffen; tieren

Dusel (Taumel, Schwindel) → Dösbaddel

Dussel → Teepott

Duuv/Duven (Taube/Tauben) → Habicht

Duvenhaaf → Habicht

Duvenklemmer → Habicht

dwallerwatsch (seltsam, unbeholfen) → appeldwatsch

dwatsch (albern) → appeldwatsch

Eek (Eiche) → Eck/Eek

elkeen (irgendjemand) → schulen

Et gah uns wohl up unse ole Dage → Martje Flor

Ewer (Eber) → Swien

Fahrdook (Wischtuch) → Faatdook

Farken (Ferkel) → Swien

Fastelabend (Fastnacht) → Göös

fätj (fries. Füße) → beerfätjet

Feudel (Scheuerlappen) → Faatdook

Ficker (Ferkel) → figgerig

Fidibus (Anzünder) → Kindheitserinnerung

Fiege (Feige) → Klafferkatt

Fienbrot (Feinbrot) → Stuten

Figger (Ferkel) → figgerig

Finsterbank (Fensterbank) → Gode Nacht

Fitel (Fiedel, Geige) → kandidel

Fittje, Fittken (Fittich; auch Flosse) → Schlafittchen

fix (schnell) → Dutt

Fleeg (Fliege) → Giezhals

flutschen → Tittkalf

Foogkell (Fugenkelle) → Muurmann

Foot/Fööt (Fuß/Füße) → Pariser Schoh

Foottüg (Schuhe) → Schooster un Schohmaker

För (Furche) → Ploog

Förtjen → Futjes, Futtjen, Futsche

freten/fritt (fressen/frisst) → döschen; Swien; Wat de Buur nich kennt ...

Friisk Foriining (Friesischer Verein) → Nationale Friesen

Fröhstück (Frühstück) → Bottermelk

Fru (Frau) → Lee; Mann inne Tünn; pük, püük

fuchtig (gesund, frisch) → Hol di fuchtig!

Füer, Für (Feuer) → Backaben

Fürspiet (Löschstange) → Smid

Fürtang (Feuerzange) → Tang

Fuusthamer (Fausthammer) → Smid

gahn (gehen) → Farv; Klafferkatt; Martje Flor; Schüffel; Tedsche Wind

gau (schnell) → süseln

Geettang (Gießzange) → Tang

Giezknüppel (Geizhals) → Giezhals

Gnadderbüdel (Nörgler) → gnatschig

gnadderig (schlecht gelaunt) → gnatschig

gnegelig (schlecht gelaunt) → gnatschig; gnegeln, vergnegelt

gor (gar) → Backaben

Grabbelkommod (Klavier) → Grabbel, grabbeln

Grabbellatiensch (Grabbellatein) → Grabbel, grabbeln

Granat (Krabben) → Krabben

Grapen (eiserner Kochtopf) → Rode Grütt

Griensch (stets lächelnde Frau) → grienen

Griep → Habicht

griepen (greifen) → Habicht; Köökschengriepen; Mudder Griepsch

Griepsch (Hebamme) → Mudder Griepsch

gries (grau) → begriesmulen

gringeln (Enten durch Halsumdrehen töten)
→ Vogelkoje

Groden → Polder

groot (groß) → Ökelnamen; Ploog

Groot Hav → Habicht

Grootknecht (Großknecht) → Deerns, Jungs,
Knechten

Großer Hans → Mehlbüdel

Grütt (Grütze) → Kindheitserinnerung; Melk;
Nis Puk; Rode Grütt; Sleef

gul, rar, blö (sylterfries. gold, rot, blau) → gölj,
rüüj, ween

gul, ruad, blä (föhrerfries. gold, rot, blau)
→ gölj, rüüj, ween

Haaf → Habicht

hääf (fries. Wattenmeer) → Ameise/Miir

Haffheister („Haff-Elster") → Sylter Klapperstorch

Halslock (Hals) → Giezhals; Halsloch

Handtang (Handzange) → Smid; Tang

Hart (Herz) → gnegeln, vergnegelt; Rüm hart ...

Hau (Heu) → Haubarg

Heck → Achtersteven; wricken oder wriggen

Heller → Polder

hiddelig → hibbelig

hieven (heben) → Kurren

hilde (eilig) → Petuh

Hingst (Pferd) → Pferd

hitt (heiß) → Fever

höden/höödt (hüten/gehütet) → Swien

Höft (Haupt) → Ploog

Höhner (Hühner) → Habicht

Höhnerdeef → Habicht

Höhnersack → Habicht

hölpen (helfen) → Nüdschanix

Holt (Holz) → Klöben; Tüffel

Hoorbüdel („Kater") → Haarbüdel

Hoot (Hut) → Nagel

Hoppetuutsen (Frösche, Kröten) → Hoppetuz

Hulken → Kenkner, Hulken

Hunnen (Hunde) → blaffen

Husch un Gnusch („Krethi und Plethi")
    → Gnusch, gnuschig

Huus (Haus) → April; Basselhuus; Redder;
    süseln

Iesbüdel (Eisbeutel) → Fiete Iesbüdel

jiddelig → hibbelig

Jitt (Ziege) → mall

Joll (Jolle) → Fischerie

Jöölboom (sylterfries. Weihnachtsbaum)
    → Jööl, Jul, Jül

Judensoße → Schü

Julböög (föhrerfries. Weihnachtsbogen)
    → Jööl, Jul, Jül

Jüller (Euter) → hibbelig

Jung/Jungs → Bagaluten; Briet; Deerns, Jungs,
    Knechten; eisch; strömern, Strömer

Kaar (Karren) → Schottsche Karre

Kaffeebrood (Kaffeebrot) → Bäcker

Kaffeemöhl (Kaffeemühle) → Röter, rötern

Kalf (Kalb) → hibbelig; Oss; Tittkalf

Kantüffelploog (Kartoffelpflug) → Ploog

karjolen (rasen) → Karjool

karjuckeln (rasen) → Karjool

karnüffeln (sich prügeln) → Knüffeln

Katt (Katze) → Katteker

Kattekerfisch (kleine Katze) → Katteker

kattenfideel (katzenfidel) → Katteker

Kattuul (Eule) → Staffüt

Keed (Kette) → tieren

Keesfood → Kindskiek

Kenkentjüch → Jööl, Jul, Jül

Ketelflicker (Kesselflicker) → Röter, rötern

kieken (sehen) → Bäcker; Haarbüdel; Kindskiek; Rode Grütt; Spökenkieker

Kiel → Achtersteven

Kindsfood → Kindskiek

Kinnerdeern (Kindermädchen) → Deerns, Jungs, Knechten

Kliesterkoken (Kleisterkuchen) → Bäcker

Klöf (Spalt) → Klöben

Klönerie (Geschwätz) → klönen

Klönsack (Schwätzer) → klönen

Klöntasche (Schwätzer) → klönen

Klookheit (Klugheit) → schicken, Schick

Klookschieter (Klugscheißer) → Nödskitjer und Panskitjer

Kloon (Wollknäuel) → Tist, Tiss, Tüss

Kloot (Klotz) → Klootstockspringen

Klootscheten → Boßeln

Klottengrütt (Grütze mit Milch) → Kindheitserinnerung

klöwen (spalten) → Klöben

Kluun (Wollknäuel) → Tist, Tiss, Tüss

kniepig (geizig) → Giezhals; Kniep, kniepen

Knoop (Knopf) → flütten; prünen

Kogge → Trossen

Köm (Kümmelschnaps) → Lütt un Lütt; Teepunschgrenze

Kööksch (Küchenhilfe) → Köökschengriepen;
Sleef

koolt (kalt) → Fever

Kopp (Kopf) → Döskopp; Ploog

Korf (Korb) → Sleef

Kraut (Krabben) → Fischerie; Krabben

Krautfru (Krabbenpulerin) → Krabben

Kraweel (Karavelle) → Trossen

Kreft (Krebs) → Reper/Reepschläger

Krei (Krähe) → kandidel

kriegen (bekommen) → Anhalten tut kriegen;
Büx; Giezhals; Krabben; Leit ünnern
Steert; Petuh; Reper/Reepschläger; Ries-
tüten; Schlafittchen

Krintenbrood (Korinthenbrot) → Bäcker

krömen (einbrocken) → Melk

Kruse Kruut (Petersilie) → Schü

Kugeltang (Zange zum Entfernen von Gewehr-
kugeln) → Tang

Kusen (Backenzahn) → Kusentrecker

Kutter → Fischerie

Leckertähn („Leckerzahn", Feinschmecker)
→ Matjes

Ledderwagen (Leiterwagen) → Karjool

leddig (leer) → Rode Grütt

leeg (schlecht) → Schooster un Schohmaker

Legen (Lügen) → Afkaat

Lepel (Löffel) → Sleef

lerrig (leer) → döschen

Leuwagen (Schrubber) → Faatdook

Liek (Leiche; früher auch Leib) → Liekbott,
    Liekfolgbeder, Liekpinn; Liekdorn

Liekenwagen (Leichenwagen) → Karjool

Liekfolgbeder (zum Leichenbegängnis Bitten-
    der) → Liekbott, Liekfolgbeder, Liekpinn

Liekpinn (Holzstab mit Einladung zur Beerdi-
    gung) → Liekbott, Liekfolgbeder, Liekpinn

Liiwer düüdj as sloow → Lewer duar üs Slaav

Lock (Loch) → Timmermann un Discher

Lodder (unzuverlässiger Mensch) → Kodder

lomri (fries. trübe, schwül) → lummerig

lopen (laufen) → Reper/Reepschläger; trech

Lorbaß (ostpr. Lümmel) → Rachuller, rachullen

luren/luurt (lauern/lauert) → Lurendreiher;
    Luurbüdel; Muurmann

lurig (lauernd) → Lurendreiher

lütt (klein) → Buschedörp; Lütt un Lütt; Ploog;
    Rode Grütt; Sleef

Lüttknecht (Kleinknecht) → Deerns, Jungs,
    Knechten

Luv → Lee

Maag (Magen) → Sand

mank (zwischen) → Rode Grütt

Marjell (ostpr. Mädchen) → Rachuller, rachullen

Mars (Arbeit) → Petuh

Melkmann (Milchmann) → Den Melkmann
    sin Büx

Melkreck (Gestell für Milchkannen) → Melk

Melksef (Milchsieb) → Melk

Messwagen (Mistwagen) → Karjool

meten/meet (messen/misst) → Muurmann

Mieg (Ameise) → Grasmieger

miegen (pinkeln) → Grasmieger

Miir (fries. Ameise) → Ameise/Miir

Modder (Matsch) → Kodder

Mojen Dag (fries. Schönen Tag) → Moin, Moin

möten (müssen) → Da muss ich noch mal bei; dazwischenfahren; Deich; flütten; grove Säck; Nääs; pük, püük; Rummelpott; süseln; Wat mutt, dat mutt!

Muck → Angler Muck

Mullwarp (Maulwurf) → Nüdschanix

muren/muurt (mauern/mauert) → Muurmann

Mutt (Dreck) → Buschedörp

Muttbusche (Dreckschwein) → Buschedörp

Muul (Maul) → Katteker; Muultrecker

Muurkell (Maurerkelle) → Muurmann

Nathurn Stak → Lange Anna

Naver/Naversch (Nachbar/Nachbarin) → Bullerballer

neihen (nähen) → grove Säck

Neihnodel (Nähnadel) → prünen

Neijuar (fries. Neujahr) → Kenkner, Hulken

nerig (geizig) → Giezhals

Neumünster → Manchester Holsteins

niestmelkt (frisch gemolken) → Melk

Nöd (fries. Nuss) → Nödskitjer und Panskitjer

nödig (nötig) → Das tut nicht nötig

Nödskitjer (Pedant) → Nödskitjer und Panskitjer

Nökelname (Spitzname) → Ökelnamen

o haueha → Petuh

Ökername (Spitzname) → Ökelnamen

Olsch (Alte) → schuulsch

Oostermoon (April) → April

op'n Damm → Damm

opklöwen (aufspalten) → Klöben

opwohren (aufbewahren) → Wahrappel

Paasen (Beutel) → Petuh

Pan, Paning (fries. Pfennig) → Nödskitjer und
    Panskitjer

Panskitjer („Pfennigfuchser") → Nödskitjer
    und Panskitjer

pedden (treten) → Bütt pedden; Liekdorn

Peerd/Peer (Pferd/Pferde) → grienen; Liek-
    dorn; Pferd; Sünde

Penn, Penning (Pfennig) → Luussalv

Pennhöker („Pfennigfuchser") → hökern,
    Höker

Pepermöhl (Pfeffermühle) → Röter, rötern

Perdüün → Hüün un Perdüün

pesen (rennen) → plietsch un pesen

Piddersdai (fries. Petritag) → Biikebrennen;
    Petritag

Pingsten (Pfingsten) → Klöben; Krabben;
    Pingstoss; Ringreiten; Wipp, Wüpp

plögen (pflügen) → Ploog

Plummenstipp (Plaumentunke) → Schü

Plummhöker („Kleinkrämer") → hökern, Höker

Plünnen (Lumpen) → Sluntendriever

Pogg (Frosch) → Hoppetuz

Porren (Krabben) → Krabben

Preester (Priester) → Den Melkmann sin Büx

Prüünbüdel (nachlässige Näherin) → prünen

Pütjerklaas (Pedant) → pütschern, pütscherig

Pütscherkram (Kleinarbeit) → pütschern, pütscherig

Püttjer (Töpfer) → pütschern, pütscherig

Püttjerkram (Kleinarbeit) → pütschern, pütscherig

Quaas (Boot mit Fischbehälter) → Fischerie

quarkig (quengelig) → gnatschig

Queekbuur (fauler Bauer) → Queek

quick (schnell) → Queek

Quickborn → Queek

rachgierig (gierig) → Giezhals

raffig (gierig) → Giezhals

Reep (Seil) → Fallreep; Reper/Reepschläger

Reepmaat (Reepmaß) → Reper/Reepschläger

ricken (einzäunen) → stacken

Riefbrett (Reibbrett) → Muurmann

Ries (Reisig) → Riestüten

Rietsticken (Streichhölzer) → Kindheitserinnerung

Rook, Rock (Rauch) → Gelick aso ...

Rott (Ratte) → tieren

rumkarjolen (umherrasen) → Karjool

Rummel, rummel rutsche ... → Rummelpott

Ruut (Raute) → Rutenut spelen

Sandrieder (Sandreiter) → Ringreiten

Satten (flache Schüsseln) → Melk

Schapp (Kleiderschrank) → Rükelbusch;
Schapptüüch

Scharn (Mist) → Scharntüter

Scharnbürgen (schlechte Kartoffeln)
→ Scharntüter

Schietwedder (Dreckwetter) → Friesennerz

Schleudermelk (Magermilch) → Melk

Schoosterkugel (Schusterkugel) → Schooster un Schohmaker

Schoostersoos (Schustersoße) → Schü

Schott/Schotten → Schottsche Karre

schüern (scheuern, reinigen) → Sand

schulig (geschützt) → Eck/Eek

Schummerie (Dämmerung) → Kindheitserinnerung

Schünendöscher (Scheunendrescher) → döschen

Seegent Neijuar (fries. Gesegnetes Neujahr) → Kenkner, Hulken

Seep (Seife) → Klafferkatt

Sied/sieden (Seide/seiden) → grove Säck; prünen

sküli, skülli (fries. Schutz suchen; auch lauern) → schulen

slaan/sleit (schlagen/schlägt) → Nagel

Slafitten → Schlafittchen

Slunten (Lumpen) → Sluntendriever

slurren (schlottern) → Bangbüx

Smack (Geschmack) → Göös

smecken (schmecken) → Water, Mehl un Wehdaag

smieten/Smieter (werfen/Werfer) → Boßeln; Timmermann un Discher

Smolt (Schmalz) → Kindheitserinnerung

Snatt (Schnodder) → Kodder

Snieder (Schneider) → schicken, Schick

Snodder (Schnodder) → Kodder

Snoor (Schnur) → Muurmann

snötern (plappern) → Röter, rötern

Snott (Schnodder) → Kodder

Solt (Salz) → Kindheitserinnerung

Söög (Sau) → Swien

Sötmelk (Vollmilch) → Melk

Sott (Ruß) → Sottje

Spadelandesrecht → Deich

Specksied (Speckseite) → Swien

Speut (Durchfall) → Tittkalf

Spijöök (Schabernack) → Spökenkieker

Spök (Spuk, Gespenst) → Spökenkieker

Springtide → Tide

Stackel (bedauernswerter Mensch) → Sünde

stafferen (malen, putzen) → Staffüt

Stak (frei stehender Felsen) → Lange Anna

Steen (Stein) → Sood

Steert (Schwanz) → Katteker; Leit ünnern Steert

Stellploog (Stellpflug) → Ploog

Steven → Achtersteven

Stift (Lehrling) → figgerig

Stippels (Soßen) → Schü

Stippfett → Schü

Stocklegger (Stockleger) → Boßeln

Stoff, Stof (Staub) → Gelick aso ...

Stööthaav → Habicht

stöten (stoßen) → Habicht; Nääs

Strandheister (Strandelster) → Sylter Klapperstorch

streiling (fries. Streu) → Pferd

Sülver (Silber) → Kieler Sprotten

sünig (geizig) → Giezhals

Sünn (Sünde) → Stuten

Sünnschien (Sonnenschein) → April

swiegen (schweigen) → Klafferkatt

Swiegerdochder (Schwiegertochter) → prünen

Swiegermudder (Schwiegermutter) → prünen

swienplietsch (schlau, gerissen) → Swien

Swungploog (Schwingpflug) → Ploog

Takel un Tau (Takelage) → Tau

Tar → Teer

Teekoken (Teekuchen) → Bäcker

Thing (Volksversammlung) → Petritag

Tidenhub → Tide

Tollstriek (Zollstock) → Muurmann

Törfsoden (Torfsoden) → Bottermelk

tossig (ungeschickt, dumm) → Toss

trecken (ziehen) → Kusentrecker; Muultrecker;
    Tüffel

trüchwart (rückwärts) → Reper/Reepschläger

Tüffelachteihn → Tüffel

tüffelig (ungeschickt, dumm) → Toss; Tüffel

tünen (dummes Zeug reden) → Tüünkraam

Tünn (Tonne) → Mann inne Tünn

Tüss (Durcheinander) → Tist, Tiss, Tüss

Tütel (Verhedderung) → Tüüt

tütelig (zerstreut) → Tüüt

Tütelkraam (Durcheinander, Unsinn) → Tüüt

Tüter (Strick; auch Regenpfeifer, Strandläufer,
    Schnepfe) → Scharntüter; Tüüt

Tüüch (Zeug, Kleidung) → Schapptüüch

twüschenfohrn → dazwischenfahren

Uhrmakertang (Uhrmacherzange) → Tang

ümgeihn (umgehen) → brüden

ümstölpen (umstülpen) → Putt

unklook (unsinnig) → tieren

ünner (unter) → Leit ünnern Steert; schulen

utgahn (ausgehen, verlöschen) → Backaben

verdoon → Vertun

vergnegelt → gnegeln, vergnegelt

Vigelien (Violine) → vigeliensch

vörbi (vorbei) → Kropper Busch

Vörhamer (Vorschlaghammer) → Smid

Vörschotten (vordere Schotten) → Schottsche
Karre

vundaag (heute) → opsternaatsch

Wai (fries. Weg) → Halunder

Water (Wasser) → Water, Mehl un Wehdaag

Waterkant (Küste) → Kieler Sprotten

Watt (bei Ebbe trocken liegendes Gebiet)
→ Ameise/Miir; Biikebrennen; Bütt ped-
den; Halligen; Kliff; Kurren; Ley; Priel;
Uthlande, Utlande

Wehdaag (Schmerzen) → Water, Mehl un
Wehdaag

Wie hast du das? → Na? Wie hast du das

wiedergahn (weitergehen) → Rummelpott

Wiesheit (Weisheit) → schicken, Schick

Wiehnachten (Weihnachten) → Bagaluten;
Göös; Jööl, Jul, Jül; Klöben

Winkelmaat (Winkelmaß) → Muurmann

witj (fries. weiß) → Pferd

Wohrheit (Wahrheit) → Afkaat

wokeen (wer) → trech

zupass → Schiet zupass

Bildnachweis

bpk, Berlin: S. 67 (H. v. Seggern Sohn)

Karl-Heinz Groth, Goosefeld: S. 10

Wolfgang Kunz/Agentur Bilderberg: S. 162

picture alliance, Frankfurt/M.: S. 49 (dpa), 70
(Bildagentur Huber)

Georg Quedens, Norddorf/Amrum: S. 44, 47,
56, 61, 79, 101, 113, 115, 117, 120, 157, 194

Roter Hauberg Reck GbR, Witzwort: S. 160
(Foto Rainer Ueth)

Schleswig-Holsteinischer Zeitungsverlag
(sh:z), Flensburg: S. 7, 12, 15, 18, 28, 103,
109, 144, 187

Michael Zapf, Hamburg: S. 91, 139

Sowie aus:

Klaus Lengsfeld (Hrsg): Halligleben um 1900,
Heide 1998: S. 40 (Foto E. C. Payns)

Steensen, Thomas (Hrsgs): Das große Nord-
friesland-Buch, Hamburg 2000: S. 64
(Foto Brar Roeloffs)

Zitatnachweis

Der Abdruck des Gedichts „Rodegrütt" auf
S. 159 erfolgt nach der Ausgabe „Hermann
Claudius: Mank Muern, Hamburg: Fehrs-
Gilde, 1978" mit freundlicher Genehmigung
der Fehrs-Gilde, Glinde, und des Wachholtz-
Verlags, Neumünster.

Impressum

Bibliografische Information der Deutschen Nationalbibliothek
Die Deutsche Nationalbibliothek verzeichnet diese Publikation in der Deutschen National-bibliografie; detaillierte bibliografische Daten sind im Internet über http://dnb.d-nb.de abrufbar.

ISBN 978-3-8319-0455-6

© Ellert & Richter Verlag GmbH, Hamburg 2011, 2. Auflage

Cartoons: Kim Schmidt, Dollerup
Lektorat: Annette Krüger, Hamburg
Gestaltung: Büro Brückner + Partner, Bremen
Lithografie: Griebel-Repro, Hamburg
Gesamtherstellung: CPI books GmbH, Leck

www.ellert-richter.de